TRAVELKID Reisebericht

Namibia

Elefantenspuren

Mit meiner Tochter auf Abenteuerreise durch Namibia

Patrice Kragten

Impressum

1. Auflage Juni 2009 | 2. Auflage Februar 2015
Neuauflage Januar 2017
© 2017 TRAVELKID – Patrice Kragten – Zell am See - Österreich

Text, Fotos, Umschlaggestaltung und Layout:
Patrice Kragten

Herstellung und Verlag:
BoD - Books on Demand, Norderstedt

ISBN 978-3-7431-5442-1
ISBN 978-3-8370-5034-9 – nicht mehr erhältlich

www.travelkid.at | info@travelkid.at

Jede Weiterverwendung und Vervielfältigung ist ohne die vorherige Genehmigung durch die Autorin und TRAVELKID.at nicht gestattet.

Das Papier wurde aus chlorfrei gebleichtem Zellstoff hergestellt.

Inhaltsverzeichnis

Vorwort	7
Karte Namibia	9

Teil 1: April 2009

Namibia: wir kommen!	11
Lake Oanob	18
Traumschloss	23
Rote Sanddünen	28
Riesige Sandkiste	37
Farbbilder Reise 2009	42
Die Little Five der Wüste	46
100.000 Pelzrobben	50
Felsgravuren und versteinerter Wald	54
Dioptas	61
Kaokoveld	66
Die Himba	69
Wilde Katzen	74
Elefantenspuren	80
Meteorit	91
Eine Strafe und eine Belohnung	94
Dinosaurierspuren	98
Fröhlicher Abschied	102
Farbbilder Etosha 2009 + 2013	104

Teil 2: Juli 2013

Marco und Elise	109
Kalte Wüste	114
Bergzebras	122
Auf dem Pferderücken	128
Sanddunen	134
Farbbilder Reise 2013	140
Zivilisation	144
The white lady	148
Living Museum der Damara	151
Wüstentiere und Nomaden	155
Hunderttausend Wildtiere	161
Buschmänner	163
Kambaku	167
Nashörner	172
Sammeljäger	174
Unser Reiseschema 2009	178
Unser Reiseschema 2013	180
TRAVELKID *„abenteuerliche einfach"*	182
TRAVELKID Reisetipps	184
Wichtige Adressen	192
Meine anderen Bücher	193
Dankwort	203

Vorwort

Elefantenspuren
Mit meiner Tochter auf Abenteuerreise durch Namibia

Wenn ich jemanden nach den Highlights einer Namibia Reise frage, werden einstimmig die Sanddünen der Sossus Vlei, das Himba Volk im Kaokoveld und die Wildtiere des Etosha Nationalparks genannt. In diesem **TRAVELKID** Reisebericht erzähle ich von meinen Erfahrungen während der 3-wöchigen Rundreise durch Namibia, welche ich gemeinsam mit meiner 6-jährigen Tochter Romy im April 2009 unternommen habe. Und weil wir uns während dieser Reise in das Land verliebt haben, folgte im Juli 2013 eine zweite Reise.

Mit einem 4x4 Fahrzeug, ausgestattet mit einem Dachzelt in dem wir meistens übernachtet haben, legten wir pro Reise zirka 3.500 Kilometer zurück. Mein Reisebericht soll einerseits Informationen bieten für diejenigen, die demnächst mit Kindern eine Namibia Reise unternehmen werden, anderseits sollten meine Erfahrungen dazu dienen, dass Familien mit Kindern sich trauen, eine Fernreise, in diesem Fall nach Namibia, zu unternehmen. Namibia wird Euch bezaubern. Davon bin ich überzeugt.

Patrice Kragten

Karte Namibia

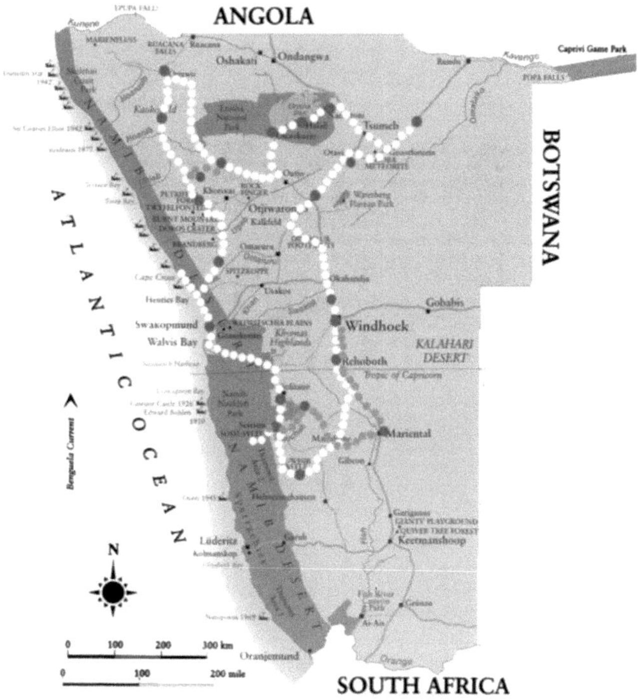

- = Route
- = Übernachtung
- = Route 2013

TRAVELKID Reisebericht

Namibia
Teil 1

Namibia, wir kommen!!

Nach 4 Monaten Vorbereitungszeit ist es heute, Freitag den 10. April 2009, endlich so weit! Wir fliegen spät am Abend nach Namibia. Romy, meine 6-jährige Tochter, verbringt den ganzen Tag bei ihren Freundinnen Sophia und Leah, damit ich Zeit für praktische Sachen wie Staubsaugen, E-Mails beantworten und Einpacken habe. Nach dem Mittagessen habe ich genug davon und fahre zu Romy, wo ich mit meiner Freundin Alexandra – und Mutter von Sophia und Leah - die Frühlingssonne draußen auf der Terrasse mit einem Kaffee genieße. Die ersten Frühlingssonnenstrahlen tanken mich voll mit Urlaubsgefühlen und mit neuer Energie fahre ich mit Romy am späten Nachmittag nach Hause. Dort angekommen, ziehen wir uns um und verabschieden uns von Wolfgang, alias Mann und Papa. Ganz gemütlich steuere ich Hallbergmoos, kurz außerhalb vom Münchener Flughafengelände, an, wo wir das Auto, wie immer, bei der Familie Krätschmer parken. Mit dem Shuttlebus werden wir zum Terminal 2 gebracht, wo wir für den Flug von South African Airways über Johannisburg nach Windhuk einchecken. Durch einen Computerfehler können wir von Jo´Burg, wie die Johannisburger ihre Stadt liebevoll nennen, nach Windhuk nicht neben einander sitzen, aber das werden wir im Flieger wohl ändern können.

Wir sind etwas früher nach München gefahren. Der Grund ist, dass die Maschine erst um 22.00 Uhr startet, das Abendessen dann um zirka 23.00 Uhr serviert wird, aber Romy das mit höchster Wahrscheinlichkeit nicht schaffen wird - sie wird dann sicherlich schon schlafen. Deswegen planen wir das Abendessen am Flughafen ein. Wir haben da leider ein falsches Restaurant ausgewählt; dass man ein Schnitzel so „vernichten" kann, es schmeckt grausig! Um 21.15 Uhr dürfen wir an Bord und machen es uns gleich bequem. Romy richtet sich ihr Mini-Bett und bezieht dieses auch direkt nach Take Off. Wir sind noch nicht mal auf 10.000 Fuß und sie schläft schon.

Pünktlich, als wir 8000 Kilometer weiter auf 30.000 Fuß über die Namibische Grenze fliegen, wachen wir beide, fast wie vereinbart, auf. Wir haben 8 Stunden geschlafen und bis zur Landung sind nur noch 2 Stunden übrig. Kinderfreundliches – und somit auch Mamafreundliches - Reisen nennt man das! Das Frühstück ist wieder ein typisches Flugzeug-Frühstück, mit Eierspeis natürlich. Welche Fluglinie serviert bitte mal was anderes???

Um 08.00 Uhr lokaler Zeit - wir haben jetzt noch keinen Zeitunterschied mit Österreich - landen wir 40 Minuten früher als geplant. Super, die geplanten 50 Minuten connecting time werden 1,5 Stunden und jetzt können wir etwas relaxter zum Anschlussflug wandern. Wir bummeln durch einen Shop mit typischen afrikanischen Souvenirs und riechen zum ersten Mal die besondere Atmosphäre, die Afrika hat. Ich bin echt ein Fan von Afrika; die Tiere, die Menschen, die Farben, die

Naturprodukte, die überall verarbeitet werden, irgendwie ein liebevolles „big fat Mama" Flair. Namibia – Afrikas Paradies oder Land der Gegensätze, so wie Namibia oft genannt wird – hat eine faszinierende Mischung aus unberührter Natur, reizender Tierwelt und ist das zu Hause vieler Menschen zahlreicher farbenfroher Kulturen. Wir werden die nächsten drei Wochen diese Faszination kennen lernen und mit höchster Wahrscheinlichkeit von der Schönheit des Landes beeinflusst werden.

Mit dem warmen Afrikagefühl im Herzen, steigen wir in das Flugzeug nach Windhuk, das beim Gate ziemlich lange stehen bleibt. Es vergeht eine Weile, bis der Kapitän endlich durchsagt, dass die Maschine „overloaded" ist. Mit 20 Minuten Verspätung heben wir ab, dank eines netten Herrn sitze ich natürlich neben Romy, um 2 Stunden später in Windhuk unsere Füße auf den, dieses Mal Namibischen, Boden zu stellen. Beim Zoll wählen wir natürlich die falsche – lies: langsamste - Schlange, inzwischen stelle ich meine Uhr um 1 Stunde zurück. Willkommen in Namibia!

Als wir endlich im luggage claim Bereich ankommen, sagt gerade jemand durch, dass in der Maschine aus Jo´Burg kein Gepäck mehr ist, alle Koffer sind schon ausgeladen. Wir schauen schnell auf dem Band und … leider, keiner von unseren Koffern ist dabei! Ich sehe noch zirka 70 Personen ohne Gepäck stehen. Das Flugzeug war sicherlich nicht „overloaded", die haben einfach einige Gepäck-Container stehen lassen! „Schnell

Romy, rennen! Ab zum Lost Luggage Counter, damit wir die Ersten sind". Na gut, Dritter waren wir, aber immer hin. Formulare ausfüllen und weg. Viele Personen hinter uns haben geschimpft, geschrien, aber das hilft alles nichts. In 2 Stunden kommt die nächste Maschine aus Jo´Burg und da wird das Gepäck wohl dabei sein und zum Hotel nachgeliefert werden.

In der Ankunftshalle wartet einer Chauffeur mit einem Schild „Kragten-Hackel" in der Hand, worauf leider noch ein zweiter Name steht. Na gut, das kann dauern - die Rennerei wäre also nicht nötig gewesen. Wir nutzen die Gelegenheit und wechseln Euro 300 um in Namibia Dollars = N$ 3400 und ich brauche dringend einen Kaffee! Das Flughafengebäude ist ziemlich modern ausgestattet und schaut sehr sauber aus. Und das Allerwichtigste: der Kaffee schmeckt herrlich! Nach 10 Minuten Wartezeit sind wir doch relativ schnell komplett und fahren gemeinsam zum Leihwagen-Terminal in Windhuk. Die Steppe prägt den größten Teil Namibias, rund um Windhuk akzentuiert die Hochlandebene, Namibias Herzstück. Die Ähren der Grashalme tanzen im Wind, ab und zu taucht aus dem Nichts ein Berg auf, wie Ayers Rock in Australien, Paviane spielen im trockenen Flussbett. Ja, so wie schon gesagt, liebe ich Afrika und auch Namibia füllt sich wie eine warme Decke um mich herum an.

Beim Terminal, wo wir unser Auto mit Dachzelt abholen, treffen wir Marco – TRAVELKID Partner in Namibia. Er zeigt noch mal die Tour, zusammengefasst in einen blauen Ordner. Ich habe bei einigen Passagen noch Fragen, zum Beispiel ob manche D-Wege im Norden befahrbar sind, welche Marco fachmännisch und bestätigend beantwortet. Dann übernehmen wir unser Auto, was übrigens nur mit einem internationalen Führerschein und einer „gefüllten" Kreditkarte möglich ist, und bekommen eine ausführliche Erklärung dazu. Wassertank, Benzintank für 140 Liter, Ersatzteile, zwei Reservereifen, aber auch Decken, Besteck, Gaskocher, Licht, Tisch, Stühle, Töpfe etc. etc. Alles ist dabei. Und die Sachen, die am Anfang oft vergessen werden, wie Streichhölzer, Handbesen und Geschirrspülmittel bekommen wir in einer praktischen Wanne von Marco geschenkt.

Okay, los geht's, jetzt das Fahren an der linken Straßenseite hinkriegen. Romy darf vorne sitzen, natürlich in einem Kindersitz, den wir vorher reserviert haben. Marco erklärt, wo sich der nächste große Supermarkt befindet. Obwohl wir noch immer kein Gepäck haben, werden wir trotzdem alle Vorbereitungen für den morgigen Reisebegin erledigen. Wir fahren beim Tor raus, dann links, wieder links und dann … ein Kreisverkehr, oder besser gesagt, eine Feuertaufe! Natürlich verpassen wir die richtige Ausfahrt, aber immer noch besser als gleich nach 5 Minuten als Geisterfahrer betitelt zu werden!

Im Supermarkt gibt es alles, was wir brauchen: Brot, Käse, Wurst, Obst, Wasser, Cornflakes, etc. Die Auswahl kannst du sicherlich mit einem kleinen Billa vergleichen.

Ich glaube, dass wir für zwei Tage genügend zum Essen mithaben und zahle N$ 600, also Euro 47. Obwohl wir die nächsten vier Nächte zelten, gehe ich davon aus, dass wir unterwegs noch was einkaufen können und beim einen oder anderen Restaurant was essen werden. Pension Steiner, die erste Übernachtungsadresse, erreichen wir ohne Schwierigkeiten. Ich kümmere mich gleich um das Auto und richte es ein, fülle den Wassertank und verpacke das Essen in einer staubfesten Box. Ohne Strom läuft der Kühlschrank natürlich nicht, aber die Kühlwaren stopfe ich trotzdem hinein. Durch die kurze Fahrstrecke ist der Kühlschrank bereits ein wenig gekühlt. Jetzt brauche ich eigentlich nur noch unser Gepäck. Die Dame von der Pension Steiner ruft mehrmals beim Lost Luggage Counter an, aber da hebt niemand ab. Samstagnachmittag und Osterwochenende…… hoffentlich geht das gut.

Es ist inzwischen 17.30 Uhr geworden. Windhuk ist doch relativ groß, aber auf der Straße sieht man wenig Verkehr und noch weniger Menschen. Namibia ist zweieinhalb Mal so groß wie Deutschland, hat aber nur zwei Millionen Einwohner. Gemütlich wandern wir in die Stadt hinein. Wir suchen das Zoo Park Restaurant und gelangen rein zufällig zu den Meteoriten. Wolfgang hat Romy über Meteoriten erzählt, zwei Nächte hat sie vor lauter Angst nicht geschlafen und jetzt steht sie Auge in Auge mit … Steinen. Nein Romy, es sind wirklich Meteoriten. Das Angstproblem hat sich somit ganz „einfach" – 10.000 Kilometer von Zuhause! - erledigt.

Wir finden das Zoo Park Restaurant und bestellen eine Pizza. Obwohl immer wieder gewarnt wird, die Stadt am Abend nicht zu Fuß zu erkunden, wandern wir nach dem Essen zurück zum Hotel, es sind nur zwei Blocks und es schaut alles andere außer gefährlich aus. Die Sonne ist gerade unter gegangen und sofort fällt uns der typisch afrikanische Sternenhimmel auf. Romy sagt, dass sie eine Sternschnuppe gesehen hat, gut, dann dürfen wir uns was wünschen! Dass wir uns wünschen, dass das Gepäck schon im Hotel ist, ist wohl klar! Wir wandern drei Schritte weiter und die Dame aus der Pension Steiner begegnet uns mit dem Auto: „Frau Hackel, Ihr Gepäck ist gerade angekommen!" Na da ist unser Wunsch wohl ziemlich schnell gehört worden!

Lake Oanob

Wahrend dem Frühstück gerate ich in ein Gespräch mit unserem Nachbartisch, wo ebenso ein blauer Ordner am Tisch liegt. Marco hat für diese zwei Menschen auch die Reise organisiert. Wir sind etwas langsamer unterwegs und fahren nicht ganz soweit in den Süden hinein, aber irgendwo im Norden werden die zwei Holländer uns einholen und treffen wir einander wieder.

Wenn man eine Reise mit Kindern plant, ist es wichtig dies auch kinderfreundlich zu gestalten, aber was ist bitte kinderfreundlich? TRAVELKID empfiehlt die Reisedistanzen auf maximal 1000 Kilometer pro Woche zu begrenzen, die Unterkünfte den Bedürfnissen der Kinder entsprechend zu wählen, die Sehenswürdig-keiten auf ein bis zwei pro Tag zu begrenzen und das Wichtigste: genügend Freizeit – lies: Spielzeit - einzubauen um den Kindern die Möglichkeit zu geben, die Eindrücke des Tages zu verarbeiten.

Das Lake Oanob Resort ist unser Ziel für den heutigen Tag, die Reise hat begonnen! Das Wetter ist herrlich, warm aber nicht heiß, ich schätze so 25 - 28 Grad, prima Urlaubswetter. Das Fahren an der linken Seite geht erstaunlicherweise quasi von selbst und wir sind gleich schon auf der Autobahn B1 nach Rehoboth, Richtung Süden unterwegs. Heute fahren wir nur 100 Kilometer, somit ist am Nachmittag genügend Zeit um das Zelt auszuprobieren und uns für die nächsten drei Wochen an ein Tramperleben zu gewöhnen. Die Landschaft zeigt sich wieder voller Grashalme, die fröhlich mit dem Rhythmus des Winds mittanzen. Die sonstige Vegetation begrenzt sich auf bodennahe Büsche und Sträucher. Unterwegs halten wir bei einem Picknickplatz für eine kurze Pause an. Entlang der gut befahrbaren Teerstraße findest du zahlreiche Rastplätze zum picknicken, meistens ausgestattet mit Tisch und Bänken unter dem Schatten eines Baumes.

Die Wegweiser entlang der Straße sind gut erkennbar und alle Kreuzungen deutlich beschrieben. Nach 1,5 Stunden erreichen wir die Ausfahrt zum Lake Oanob und gelangen zum Eingang des Parks. Viele Namibier und Süd-Afrikaner haben Osterurlaub und Lake Oanob ist bei den Einheimischen ein beliebtes Erholungsziel. Vor dem Eintrittshäuschen stehen wir Schlange – während wir warten, schauen wir uns die Umgebung an und sehen auf einmal rechts etwas im Gebüsch stehen.... Giraffen!!! Tatsächlich sehen wir vier Giraffen direkt hinter dem Eingang. Romy staunt wortlos auf die Tiere, während ich den Eintritt (N$ 15,00 = Euro 1,17) bezahle. Nicht nur Giraffen halten sich hier auf, wir sehen auch Zebras und Springböcke. Bis zur Campsite halten wir mehrmals an. Während ich die Tiere ausgiebig fotografiere, hakt Romy die ersten Wildtiere in ihrem Tierbuch ab. Was wir jetzt noch nicht wissen, ist, dass wir während der Namibiareise noch 10.000-de Zebras und 100.000-de Springböcke sehen werden!

Wir bekommen einen Stellplatz am See zugewiesen. Es sind großzügige Stellplätze mit einer Grillgelegenheit, Wasser- und Stromanschluss und am Wasserrand ein Picknicktisch. Die zahlreichen Bäume sorgen für genügend Schatten. Romy will natürlich gleich das Dachzelt ausprobieren, also machen wir den Reißverschluss auf und klappen das Zelt aus. In weniger als 2 Minuten steht das Zelt, ich würde sagen sehr einfach, fast fraufreundlich. Romy spielt mit ihrem Playmobil oben im Dachzelt und fühlt sich dort sichtlich wohl. Es wird für die nächsten drei Wochen ein sicheres und geschütztes zu Hause für sie werden, weg von Fliegen, Wespen, Mücken, Spinnen und Käfern!

Lake Oanob Resort hat einen privaten Naturpark dabei, was die Anwesenheit der Giraffen und anderen Tiere beim Eingang erklärt. Nach dem Mittagessen packen wir das Zelt für unseren ersten Gamedrive wieder zusammen, das dauert etwas länger, der Reißverschluss klemmt und ich brauche starke Männer dazu. Es wird nicht das letzte Mal sein, dass ich bei dem Reißverschluss Hilfe brauche, oder dass irgendetwas an der Ausrüstung kaputt geht.

Wir fahren mit dem Auto über den Schotterweg und folgen den Schildern mit der Aufschrift „Self-Drive-Safari". Der Schotterweg ist in einem schlechten Zustand, aber für mich ein prima Übungsgelände um die Umstände und das Auto kennen zu lernen. In der Nähe des Einganges finden wir die Zebras, Springböcke und Giraffen wieder und werden von zwei Sträußen und sogar einiger Kuhantilopen (Hartebeest) begleitet. Die Büsche stehen ziemlich dicht und mit den vielen Blättern daran, sind die Tiere gar nicht so gut zu sehen und zu fotografieren. Ich habe eine neue Fotokamera und kann jetzt endlich ausprobieren, ob das Objektiv die Tiere genügend einzoomen kann und wie sich das auf die verschiedenen Programme auswirkt. Die Bäume, Blätter und Grashalme muss ich halt mit Photoshop wegzaubern!

Zurück am Campingplatz stellen wir das Zelt wieder auf, der Reißverschluss klemmt wieder, aber ich brauche echt nur 2 Minuten, dann steht das Ding! Wir relaxen am Nachmittag auf der Campsite, Romy spielt oben im Dachzelt und ich studiere am Wasserrand die Reiseroute für Morgen. Das Lake Oanob Resort wurde 1991 nach dem Prinzip gegründet, die Landschaft zu erhalten und nicht zu perfektionieren. Alles ist auf Wohlbefinden ausgerichtet und wir fühlen uns hier wirklich wohl. Die Anwesenheit des Sees sorgt für genügend Entspannung - Aktivitäten wie Kanu oder Boot fahren können betrieben werden. Wir beginnen den Urlaub etwas ruhiger und verweilen gemütlich am Stellplatz.

Am späten Nachmittag sollte ich mich langsam mit dem Abendessen befassen. Direkt neben der Rezeption wird in einem kleinen Geschäft Holz verkauft. Wir kaufen einen Plastik Sack mit Holz um N$ 15 = Euro 1,17. Mit Kohlen kenne ich mich aus, aber kochen auf Holz ist was Neues. Zuerst sammle ich kleine Zweige, Romy findet trockene Grashalme und Blätter. Es gelingt uns sogar ein richtiges Feuer zu entzünden und als das Holz glüht, lege ich die Würsteln auf das Grillgitter. Es geht aber so schnell, dass ich gerade noch rechtzeitig die Würsteln vom Feuer holen kann, sonst wären sie verbrannt. Inzwischen sind die Nudeln und Erbsen auch warm und wir können das Essen, mit Aussicht auf den See, am Picknicktisch genießen

Für einen Kaffee brauche ich wieder den Gaskocher, aber es schaut so aus, als ob die Kartusche jetzt schon leer ist, weil fast kein Gas mehr ausströmt. Kein Kaffee nach dem Essen ist natürlich kein Urlaub, deswegen wandern wir für den Nachtisch zum gemütlichen Restaurant, natürlich wieder mit Aussicht auf den See. Romy bestellt ein Wasser-Eis und ich bekomme meinen heiß ersehnten Kaffee.

Der Weg zum Restaurant ist ein Schleichweg gewesen, aber zurück zum Zelt möchte ich lieber einen anderen Weg nehmen. Die Dämmerung dauert in Afrika nur eine halbe Stunde, dann ist es dunkel, und es stimmt, es ist inzwischen putzfinster geworden! Wie es in der Nacht mit Skorpionen, Schlangen und anderem Ungeziefer ausschaut, weiß ich noch nicht und nehme lieber den Hauptweg zurück zum Zelt, aber der schaut jetzt anders aus als bei Tageslicht. Nachdem wir 3-mal falsch gelaufen sind, finden wir unser Zelt wieder, richten uns für die Nacht ein und zum ersten Mal schlafen wir „draußen" unter dem wunderschönen afrikanischen Sternenhimmel ein.

Traumschloss

Um 5.30 Uhr werden wir geweckt. Nein, nicht von zwitschernden Vögeln, krähenden Hähnen oder von der Wärme der ersten Sonnenstrahlen. Nein: eine Jugendgruppe hat die Musik sehr laut aufgedreht! Als ich nicht mehr einschlafen kann, wünsche ich den Leuten boshaft heute drei Reifenplatzer und dass sie nur zwei Reserve-Reifen dabei haben! Aber ich bliebe nicht lange böse, es ist Ostermontag und ich möchte Romy mit einem Osterfrühstück im Restaurant verwöhnen. Ich habe zwei kleine Geschenke gekauft, natürlich eine große Überraschung für sie! Die warmen Brötchen, das gekochte Ei, der Obstsalat, die Cornflakes und der frische Orangensaft, das Frühstück schmeckt wunderbar. Das Resort organisiert nach dem Frühstück für die Kinder Ostereiersuchen und hat im Gelände rundum das Restaurant Schokoladeriegel und -eier versteckt. Mit der aufgehenden Sonne und der zunehmenden Tageserwärmung war das nicht wirklich eine gute Idee; zahlreiche Eier sind schon geschmolzen! Nachdem Romy zehn Riegel und vier Eier gefunden hat, kehren wir zum Auto zurück. Sie darf natürlich gleich einige Süßigkeiten essen, den Rest legen wir in den Kühlschrank.

Es ist erst halb 9 als wir wegfahren, aber die heutige Fahrt wird ziemlich lange dauern. Es sind ungefähr 300 Kilometer, aber großteils auf Schotterwegen und da können wir nicht so schnell fahren. Wir folgen der

Asphaltstraße B1 weiter südlich bis Kalkrand. Hier biegen wir in die C21 ein – unsere erste Schotterstraße! Ich lasse gleich Luft aus den Reifen – von 2,5 auf 1,8 Bar – und schalte den 4-wheel Drive auf 4H. Es gibt zwei Theorien über das Befahren der Schotterwegen: 1,8 Bar, damit die Reifen eine größere Oberfläche haben und du mehr „Fuß" am Boden hast. Die andere Theorie ist 2,5 Bar; Steine prallen durch die Härte der Reifen ab und gelangen nicht in die Reifenrillen, was oft einen Platten verursacht. Ich habe mich für die erste Variante, also mehr Bodenkontakt, entschieden und stelle mich „positiv" auf nur 2 platte Reifen ein.

Überraschenderweise sind die Schotterwege sehr gut befahrbar und in den zahlreichen Flussbetten, die zu überqueren sind, befindet sich kein Wasser mehr. Die Aussicht ist grandios - verblüffend sind die Straßen, wo man nur gerade aus fahren kann. Ich bemerke, dass unsere Fotoshoots doch sehr viel Zeit kosten. Es ist schon halb 2 als wir Maltahöhe erreichen, ein kleines übersichtliches Dorf, und gleich an der linken Straßenseite finden wir eine Bäckerei. Wir halten an, weil frische Brötchen natürlich immer gut sind. Weiters kaufen wir noch Fleisch, Mayonnaise, Apfelsaft, Grapetizer und ein Fleischbrötchen. Direkt außerhalb von Maltahöhe halten wir an und packen die Stühle aus, sowie Geschirr und Besteck. Hier wird zum ersten Mal deutlich, dass das Picknicken mit Romy gar nicht so einfach sein wird. Sie schreit bei jeder Fliege, reagiert fast panisch auf die herum krabbelnden Tiere und fürchtet sich am meisten vor den Wespen. Das ruhige Sitzen bei der Jause ist also gelaufen! Du kannst Kinder 1000-mal erzählen, dass Fliegen nichts tun, aber sie glauben es natürlich nicht!

Nach knappen 15 Minuten packen wir alles wieder ein und fahren weiter. Kurz hinter Maltahöhe beginnt die Strecke landschaftlich schön zu werden. Wir verlassen hier das zentrale Hochland und fahren am Schwarzrand entlang. Durch Erosionen in den letzten paar Millionen Jahren ist hier eine sehr markante Landschaft mit vielen Tafelbergen entstanden, die bis etwa 200 Meter aus der umliegenden Fläche heraus ragen. Unübersehbar sind die Webervögel, die Bäume mit ihren Nestern überziehen und diese häufig richtiggehend ersticken. Wir bleiben noch etwa 17 Kilometer auf der C14, biegen dann nach rechts ab in die D824 zum Schloss Duwisib. Ab hier ist der Weg zum Schloss prima ausgeschildert.

Auf der Straße liegt eine Schlange – überfahren und tot. Wenn ich die Landschaft betrachte, denke ich mir, dass hier sicherlich zahlreiche Schlangen wohnen werden. In dieser Jahreszeit kommen sie sich in den letzten Sonnenstrahlen aufwärmen und die Möglichkeit von einer Schlange gebissen zu werden, ist größer. Ich habe im letzten Moment doch noch eine Vakuumpumpe gekauft und mitgenommen. Diese habe ich im Handgepäck und immer griffbereit. Ich schleppe meine Erste Hilfe täglich gerne mit, in der Hoffnung, sie nie zu benötigen!!!

Das Schloss aus roten Sandsteinen wurde 1979 vom Staat aufgekauft und später nach alten Vorlagen komplett renoviert. Es ist heute ein staatliches Museum. Wir verzichten auf eine Führung, suchen stattdessen einen Stellplatz für die Nacht aus. Wir parken das Auto unter einem Baum mit viel Schatten – bis auf ein Ehepaar ist der Campingplatz leer. Romy öffnet die Türe des Autos und da kommt gleich eine Biene laut brummend auf sie zu. Die Biene ist aber riesig, sicher 8 Zentimeter in der Länge und hat den Umfang einer ordentlichen Bratwurst. Romy schreit panisch und springt wieder in das Auto hinein, die Biene hinter ihr her und fliegt jetzt im Auto herum. Schnell ziehe ich Romy zu mir herüber und wir flüchten aus dem Auto. Pfff, da habe ich auch Angst bekommen, was für ein Gerät! Wieso sind die Tiere in Afrika immer „BIG"?

Wir bauen das Zelt auf und Romy kuschelt sich in das sichere Dachzelt. Immer wieder fliegen enorme, bis vier Zentimeter große Wespen herum, bis ich bemerke, dass der schattige Baum, unter den wir uns gestellt haben, voller Wespennester ist. Wir siedeln sofort um! Inzwischen ist es schon 17.00 Uhr geworden und ich fange mit dem Abendessen an. Es ist um halb 7 dunkel und ich will, dass wir dann für die Nacht fertig sind. Langsam traut Romy sich wieder aus dem Zelt heraus, weil ich Placebo, lies: eine Kerze mit Zitronenduft und eine Moskito-Spirale, angezündet habe. Jetzt wo es langsam dunkel wird, sind es wirklich nur noch Fliegen, die bei der Gaslampe herum fliegen, aber Romy kämpft noch mit ihrer Bienen-Angst. Wir genießen trotzdem die Suppe und auch die Makkaroni schmecken sehr gut.

Bevor ich schlafen gehe, rufe ich Wolfgang kurz an. Er macht sich große Sorge um uns, aber ich kann ihn beruhigen, uns geht es gut, sehr gut sogar!

Rote Sanddünen

In der Nacht wache ich auf, es ist draußen ziemlich kalt geworden. Gleichzeitig bin ich aber zu müde, die Seitenteile der Fenster zu schließen. Ich decke Romy noch mal gut zu und schlafe dann wieder weiter.

Direkt nach dem Sonnenaufgang ist es bedeutend wärmer. Wir frühstücken gemütlich und fahren Punkt 8 Uhr auf der D826 nach Betta, ein Gebiet wo viele Schafe und Kühe gehalten werden. Wir biegen in die C27 Richtung Norden, jetzt fahren wir am Rande der Namib Wüste entlang und sehen auch schon bald die typischen roten Sanddünen der Sossus Vlei an der linken Seite. Unterwegs begegnen uns die ersten „echten" wilden Springböcke und Strauße, die wir natürlich ausgiebig fotografieren und bewundern. Nach ca. 150 Kilometer haben wir Sesriem erreicht. Es ist erst halb 11 und aus dem Nichts erscheint eine Tankstelle. Erstaunlicherweise brauche ich für insgesamt 550 Kilometer nur 30 Liter Benzin und bezahle N$ 210 = € 16. Das wird sich mit dem Fahren auf Schotterwegen im 4x4 aber rasch ändern! Die Tankstelle ist gleichzeitig ein Supermarkt und Imbiss, wo frisch belegte Brötchen verkauft werden. Auf der gemütlichen Terrasse genießen wir das Mittagessen und einen sehr guten empfehlenswerten Cappuccino mit frischem Apfelstrudel.

Die Sesriem Campsite befindet sich an der anderen Straßenseite. Wir checken ein und kaufen gleich ein N$ 90 = € 7 Permit für die Sossus Vlei. Bevor wir uns auf der Campsite niederlassen, besuchen wir zuerst den Sesriem Canyon. Der Canyon ist etwa 1 Kilometer lang und bis zu 30 Meter tief, aber durch seine Enge sehr beeindruckend. Wir wandern in den Canyon hinunter. Der afrikanische Name des Canyons se(ch)sriem(en) beruht auf der Geschichte, dass man einst sechs aneinander geknüpfte Ochsenriemen benötigte, um einen Wassereimer zu den Tümpeln hinabzusenken. Zum ersten Mal seit vielen Jahren führt der Canyon wieder Wasser und wir können nicht durch den Canyon wandern. Stattdessen spielt Romy am Wasserrand mit dem Sand und kühlt sie ihre Füße im kristallklaren Wasser.

Am Campingplatz möchten wir das Zelt wieder aufstellen. Auch jetzt brauche ich Hilfe, ich glaube, dass der Reißverschluss nun endgültig kaputt ist. Romy springt gleich wieder nach oben ins Dachzelt und macht es sich bequem. Ich sitze draußen und lese etwas. Obwohl wir mit dem Zelt im Schatten stehen, ist es ziemlich warm und nach 2 Stunden ziehen wir das Badezeug an - Zeit für eine Erfrischung! Das Wasser im Schwimmbad ist leider sehr kalt und die kühle Brise, die weht, macht das Wasser auch nicht wärmer. Mutig springen wir hinein, sind aber nach 15 Minuten leicht durchgefroren und wandern schnell zum Zelt zurück. Wir ziehen uns warm an und besuchen einen kleinen Laden im Hauptgebäude. Hier kaufen wir 20 Ansichtskarten, Haribo Gummibärchen (!) und laden im Restaurant gleich einige Batterien auf. Romy hat eine V-Tech Kidizoom Fotokamera mit MP3-Player und hört den ganzen Tag Geschichten von Bibi Blocksberg oder Musik von K3 (einer belgischen Mädchengruppe). Da leisten die Batterien ganz schöne Arbeit!

Für den Besuch der Sossus Vlei müssen wir morgen sehr früh aufstehen, weil die Temperaturen am späten Vormittag sonst zu hoch werden. Als Campsitebesucher dürfen wir eine Stunde früher in den Park hinein, für die Tagesgäste öffnet das Tor erst bei Sonnenaufgang. Ich finde es gemütlicher, das Auto jetzt so weit wie möglich fertig einzupacken und statt selber kochen, das Abendessen im Restaurant zu genießen: eine Bratwurst und ein Hotdog! Erstaunlich wie sich das deutsche Imperium hier im Süden festgenagelt hat. Namibia wurde als eines der letzten Länder Afrikas durch Europäer kolonisiert, wobei maßgeblich die Deutschen daran beteiligt waren. Von 1884 bis 1914 war Namibia so genanntes "Deutsches Schutzgebiet" und hieß "Deutsch-Südwestafrika".

Um 7 Uhr liegen wir im Bett und Romy schläft sehr schnell ein. Sie braucht im Urlaub immer mehr Schlaf als zu Hause, wahrscheinlich um alle Eindrücke zu verarbeiten. Auch ich schließe meine Augen schon um 8 Uhr, aber in der Nacht wache ich mehrmals auf. Wenn ich so früh aufstehen muss, habe ich immer Angst, den Wecker nicht zu hören und schlafe sehr unruhig. Das war natürlich wieder nicht notwendig, ich wache genau um 4.42 Uhr auf und der Wecker sollte um 4.45 Uhr läuten. Ich packe die letzten Sachen ein und wecke Romy. Sie zieht sich an, kuschelt sich auf der Rucksitzbank, wo sie noch etwas weiter schlummert. Beim Zusammenklappen des Dachzeltes ist wieder der Reißverschluss das Problem. Nachdem um 5 Uhr die gesamte Campsite Richtung Vlei unterwegs ist, habe ich kein Problem so früh jemanden zu finden, der hilft. Heute in den Sanddünen möchte ich den Reißverschluss nicht offen lassen. Den feinen Sand findest du am Abend überall und ich möchte nicht in einem Sandbett schlafen!!!

Wir fahren um 5.30 Uhr los, zu spät für den Sonnenaufgang auf der berühmten Düne 45, aber mit den vielen Wolken am Himmel verpassen wir nicht wirklich was. Nach 35 Kilometern stoßen wir auf drei Schakale, die neben dem Auto miteinander spielen und sich von uns nicht stören lassen. Romy macht in ihrem Buch bei den Schakalen einen Haken und genießt den Anblick. Sie weißt jetzt noch nicht, dass sie auch diese Tiere noch öfters sehen wird.

Die Sossus Vlei ist eine von mächtigen Sanddünen umschlossene Lehmsenke. Die Dünen erreichen teilweise Höhen von 300 Metern und gehören damit zu den höchsten der Welt. Sehr selten, nach heftigen Regenfällen, füllt sich die Lehmsenke mit Wasser. Durch die kaum wasserdurchlässigen Lehmschichten bleibt der türkisblaue See dann noch eine Weile bestehen.

Die bekannteste Düne ist also Düne 45, die nach genau 45 Kilometern ab dem Eingang an der linken Seite auftaucht. Aber auch ohne Kilometerzähler im Auto, weißt du genau wo sich diese Düne befindet - das verraten spätestens die zahlreichen Autos am Parkplatz. Die „touristische" Düne, eher nicht zum fotografieren geeignet, weil dort so viele Menschen unterwegs sind, nutzen wir für eine Fahrt mit dem Rutschteller. Romy wollte die Rutschteller unbedingt nach Namibia mitnehmen und was ist jetzt lustiger, als damit die Düne hinunter zu pfeifen? Wir klettern die Düne hinauf und Romy macht ihren ersten Versuch, bleibt aber ziemlich rasch stecken und gräbt sich im Sand ein. Okay, vielleicht etwas höher und etwas steiler. Beim zweiten Versuch geht es schon ein wenig besser. Jetzt noch mal zum Kamm hochklettern und dann am Kamm entlang, ganz nach oben! Das ist einfacher gesagt, als getan. Zwei Schritte nach oben bedeuten auch einen Schritt hinunter. Es ist nicht einfach, im feinen Sand den Berg von der Seite zu erklimmen. Romys kleine Fußabdrücke verändern sich im pulverigen Sand zu riesigen Elefantenspuren. Wir haben aber riesen Spaß bei der Aktion und letztendlich schaffen wir es zum Gipfel, suchen das steilste Stück der Düne und sausen dann so richtig hinunter. Eigentlich geht es ganz gut, einfach sausen lassen und ja nicht bremsen!

Als wir genug haben, entleeren wir unsere Schuhe vom Dünensand. Der feine Sand befindet sich nicht nur in den Schuhen, sondern ist in jede Pore eingedrungen! Wir fahren weiter und das bekannte Farbspiel der Dünen, womit Namibia wirbt, wird mit dem Sonnenaufgang immer deutlicher. An einer Seite des Dünenkamms schaut der Sand schwarz aus, an der Sonnenseite färbt sich der Sand wunderschön rot. In unserem Reiseführer steht, dass die Dead Vlei einen Besuch wert ist, aber vor der Fahrt dorthin fürchte ich mich ein wenig. Man darf die letzten vier Kilometer nur mit einem 4x4 Auto zurücklegen. Ich habe natürlich keine Ahnung, was der Nissan im Sand kann, wie leicht ich im Sand stecken bleibe und wie ich da wieder heraus komme. Beim Parkplatz angekommen sehe ich, dass viele Autos und Führer auf dem Sandweg unterwegs sind und der Weg sehr gut ersichtlich ist. Da wird jemand uns wohl ausgraben, wenn es sein sollte. Ich schalte von 2H auf 4L und fahre los. Der Sand ist ziemlich locker und stellenweise sehr tief. Ich versuche Tempo zu halten, ja nicht stecken bleiben. Anhalten um die wunderschöne Farben der Dünen zu fotografieren traue ich mich jetzt nicht! Nach 3 Kilometern erreichen wir das Schild Dead Vlei. Puuhhh, geschafft! Eigentlich war es nicht so schwierig, ich habe mich eigentlich umsonst gefürchtet.

Wir steigen aus dem Auto aus. Es ist noch nicht mal 8 Uhr, die Temperatur ist angenehm kühl und wir wandern mit genügend Wasser, Essen und einer warmen Jacke im Rucksack los. Wir sollten den Markierungen folgen, die jedoch kaum zu finden sind. Dann einfach den Fußspuren der Touristen nach, die sind viel deutlicher zu erkennen. Immer wieder rennen kleine Kopfstandkäfer uns vor die Füße. Ihr runder Panzer glänzt in der Sonne lila bis türkis. Diese witzigen Käfer sind jedoch so schnell, dass es mir nicht gelingt die Tiere zu fotografieren. Im warmen roten Dünensand wachsen außer Grassorten auch einige Pflanzen, eine Sorte trägt sogar kleine gelbe Blumen. Nach einer knappen Stunde klettern wir eine Düne hinauf und oben angekommen, stehen wir am Rande der Dead Vlei.

Die Dead Vlei ist eine, der Sossus Vlei benachbarte, Ton- und Salzpfanne die versandet ist und keinerlei Wasser mehr erreicht. Die benachbarte Sossus Vlei wird in Zukunft sehr wahrscheinlich ein ähnliches Schicksal ereilen. Bizarr sind die abgestorbenen fast 500 Jahre alten Bäume die in der Dead Vlei aufgrund der Trockenheit nur sehr langsam verwittern. Die Pfanne ist sehr schön zu fotografieren und schnell stehen 100 Fotos auf der Kamera. Es wird im Laufe des Vormittages bereits ziemlich warm und nach einer Stunde Aufenthalt wandern wir zum Auto zurück.

Mit einem kleinen Frühstück im Magen fahren wir wieder zurück nach Sesriem. Jetzt traue ich mich auf dem Rückweg durch den Sand sogar anzuhalten und die Dünen zu fotografieren. Eine Herde Springböcke begegnet uns und auch hier halte ich an um die Tiere zu fotografieren und kann wieder mühelos wegfahren. Wieder auf der Asphaltstraße sehen wir noch eine Herde Oryxe, mit dem phantastischen Dünenpanorama im Hintergrund. Die wunderschönen Farbenspiele der Dünen gibt es jetzt nicht mehr, dafür steht die Sonne inzwischen zu hoch, trotzdem beeindruckt die Umgebung uns beide.

In Sesriem halten wir wieder bei der Tankstelle an. Ich brauche dringend noch mal so einen guten Cappuccino und Romy möchte ein Eis, sie kann es hier ohne Bedenken essen! Bis zur Weltevrede Campsite sind es noch 60 Kilometer. Marco hat uns empfohlen nicht in Sesriem zu bleiben. Es ist besser heute etwas weiter Richtung Solitaire zu fahren, damit die morgige Strecke nicht zu lange wird. Unterwegs sehen wir neben der Straße zwei Strauße vorbei wandern und stoßen auf eine Herde Springböcke. Wir fahren am östlich gelegenen Naukluft Gebirge entlang. Besonders zur Regenzeit soll es hier malerisch schön sein, aber auch jetzt nach der Regenzeit bewundern wir die eindrucksvolle Berglandschaft.

Wir erreichen Campsite Weltevrede, wo sich nur 2 Stellplätze befinden, jeder mit einer eigenen privaten Waschgelegenheit dabei. Es gefällt uns hier! Ich baue das Zelt wieder auf und Romy springt gleich mit ihrem Playmobil hinauf in „ihr Zimmer". Ich räume erst mal auf und muss mich dann zwingen mich mal hinzusetzen. Es ist für mich nicht einfach mal nichts zu tun, aber ich schaffe es für eine Stunde! Dann will ich duschen und den Dünensand aus allen Poren und Ritzen heraus waschen. Für warmes Wasser, muss ich erst ein Feuer entzünden. Das freut mich jetzt überhaupt nicht, ich stelle mich einfach so unter die Dusche - Hauptsache Sand weg!

Wir haben direkt beim Eingang unseres Stellplatzes, welcher von einer kleinen runden Steinmauer umgeben ist, zwei kleine Höhlen gefunden und fragen uns, welches Tier hier wohl wohnt. In der Abenddämmerung kommt dann ein Erdhörnchen heraus und wir beobachten es eine Weile. Wir können uns bis auf 1 Meter nähern und somit Close-up fotografieren. Und Romy macht wieder einen Haken in ihrem Büchlein!

Romy möchte heute Abend grillen, aber wenn ich das Hühnerfleisch auspacke, traue ich mich nicht das Fleisch noch zu essen. Es liegt bereits zwei Tage im Kühlschrank, der ab und zu ein, aber meistens ausgeschaltet war - und das in der Hitze der Sossus Vlei! Sicherheitshalber werfe ich lieber alles weg und stattdessen essen wir eine Suppe, trockene Nudeln und Chips als Dessert. Geht doch! Und Romy freut sich über soviel „Gesundes"! Es war heute ein sehr langer und vor allem eindrucksvoller Tag. Wir klettern schon um halb 7 in unser gemütliches Dachzelt hinein, Romy schläft gleich ein, ich schaffe es noch bis 8 Uhr, aber auch dann fallen mir die Augen zu. Gute Nacht!

Riesige Sandkiste

Wir haben herrlich geschlafen und überraschenderweise ist es heute beim Aufwachen zum ersten Mal warm im Zelt. Wir stehen auf, frühstücken ziemlich einfach und fahren bereits um 7.30 Uhr weg. Ich plage mich nicht länger mit dem Reißverschluss und lasse das Dachzelt an der Hinterseite einfach offen. Die Strecke heute ist ziemlich lange und nicht gerade interessant, da möchte ich so schnell wie möglich durch. Die Landschaft ist am Anfang noch sehr grün mit vielen Hügeln, die auf Grund von Erosionen aussehen, als ob sie Bänder rundherum hätten. Die Straße ist leer, da begegnet uns nur jede Stunde ein anderes Auto, meistens auch mit Dachzelt, also Touristen. Das Dorf Solitaire haben wir irgendwie verpasst. Bin ich zu schnell unterwegs? Ich habe auf jeden Fall nichts gesehen, was irgendwie wie ein Dorf, eine Tankstelle oder Café ausschaut. Und ich hatte mich so auf einen Kaffee mit Apfelstrudel beim Herrn van der Lee gefreut.

Es geht flott voran und wir nähern uns dem Gaub Pass. Bei einem Pass denke ich immer an einen steilen Bergweg, der hinauf führt. Hier geht es jedoch hinunter, in die Schlucht hinein, wo wir ein fast trockenes Flussbett überqueren. Auf der anderen Seite des Passes hat sich die Landschaft total geändert. Wir werden von Hügeln umgeben, die irgendwie in der Erde versinken und wo wir oben drüber fahren. Ein komisches Gelände! Das

Tempo reduziert sich automatisch, wir fahren durch die Hügellandschaft wie auf einer Art Wellenbahn und haben riesen Spaß. Romy fordert immer „schneller!", damit wir über die Hügel „fliegen" - und es dann so lustig im Bauch kribbelt!

Der Kuiseb Pass, 10 Kilometer weiter, ist wieder eine Straße, die in eine Schlucht hinunter führt, wo wir erst nach 2 Kilometern wieder heraus kommen. Erstaunlicherweise ändert sich die Landschaft nach dem Pass wieder, dieses Mal sind wir in den Ausläufern der Dünen angelangt und außer einigen Grashalmen sehen wir …….. nichts! Rechts, links, geradeaus: nichts! Wir spielen „ich sehe etwas was du nicht siehst" und kriegen uns vor Lachen nicht mehr ein - die Tränen rollen uns über die Wangen. Und der Weg geht jetzt gerade aus, sicherlich 100 Kilometer lang gerade aus. Na Patrice, nicht übertreiben, 2 schwache Linkskurven von 5 Grad waren schon drinnen. Ich bin in meinem Leben noch nie so lange gerade aus gefahren. Unvorstellbar! Umso mehr wir uns Walvis Bay nähern, wird auch die Wüste, um die wir mehr oder weniger einen Bogen gemacht haben, wieder sichtbar. Die Grashalme verschwinden, zuerst sehen wir noch dunklen Sand, später färbt sich der Sand rot und formt sich zur Düne. Wir haben das Gefühl in einer riesigen Sandkiste zu fahren. Witzigerweise laufen hier auf einmal zwei Menschen entlang der Straße – wo gehören die hin, wo gehen die hin? Da ist ja nichts!

Nach 150 Kilometer taucht Walvis Bay aus dem Nichts auf. Rechts und links außer Sand noch immer nichts, vorne die moderne Stadt. Walvis Bay zählt heute rund 50.000 Einwohner und macht einen relativ geschäftigen Eindruck. Die meisten Menschen sind im modernen Hafen-Terminal und in der florierenden Fischerei beschäftigt. Darüber hinaus wird in Walvis Bay Meersalz produziert. Auf den 3500 Hektar großen Salzfeldern werden jährlich 400.000 Tonnen hochwertiges Salz gewonnen.

Wir biegen nach Walvis Bay ein und suchen erst eine Tankstelle auf. In den Tank gehen 84 Liter hinein und ich bezahle N$ 542,00. Romy hat heute Glück, bei einem Kentucky Fried Chicken bestellen wir Hühner Nuggets mit Pommes und mit einem Eis in der Hand fahren wir danach die Esplanade, eine Promenade am Strand, entlang. Walvis Bay ist für seine zigtausend Vögel bekannt und wir machen uns auf die Suche nach Pelikanen und Flamingos. Bei einem Parkplatz halten wir an und in der Ferne sehen wir schon die rosa Vögel in der Brandung stehen. Um zur Flutlinie zu gelangen, müssen wir durch Schlick und Schlamm wandern. Die sauberen Füße und Schuhe sind jetzt komplett schwarz geworden. In der Nacht hat sich der Wassertank am Auto auf mysteriöse Weise entleert - mal schauen wie ich unsere Schuhe und Füße ohne Wasser wieder sauber kriege! Eine Truppe von 40 Flamingos ernährt sich von kleinen Fischen und Krebsen. Ich versuche die Flamingos zu fotografieren, aber Romy hat mehr Spaß daran die Tiere zu verjagen. Danke Schatzi!

Mit schmutzigen Schuhen steigen wir ins Auto. Der Weg nach Swakopmund ist wieder eine Asphaltstraße. Uns begegnen verschiedene Autos, mit Angeln vorne am Auto befestigt, die wie Hörner eines Oryx ausschauen. Können die Fischer die Angeln nicht einfach zusammen schieben? Was auch auffällt, sind die wunderschönen Häuschen. Ich habe in dieser Stadt ein schwarzes Getto Viertel erwartet, aber die gesamte weiße und schwarze Bevölkerung wohnt in kleinen farbenfrohen Häuschen.

Das Gästehaus Sea Breeze befindet sich im Norden der Stadt und wir finden es auf Anhieb. Die Beschreibungen vom Marco, sowie alle anderen Reiseunterlagen, sind bestens aufbereitet. Das Gästehaus ist echt in Ordnung und wir genießen den Luxus, wieder mal in einer Pension zu wohnen. Wir stecken gleich alle Ladegeräte an, Romy spielt im Zimmer mit ihrem Playmobil und ich habe endlich Zeit meinen Reisebericht im Computer zu schreiben und mit dem Fotobuch anzufangen.

Um halb 6 springen wir schnell unter die warme Dusche und fahren mit dem Auto in die Innenstadt. Die Wirtin hat einen Tisch in der Kupferpfanne reserviert. Das Auto parken wir in der Straße neben dem Restaurant. Hier sind Security Guides angestellt, die auf die Autos aufpassen. Man bekommt von einem gekennzeichneten Guide einen Zettel an die Windschutzscheibe und zahlt bei der Rückkehr dem Guide einen kleinen Betrag. Ein prima Service und das Auto steht sicher geparkt! Die Kupferpfanne ist neben einem Restaurant auch ein kleines Museum. Das Ambiente ist wirklich nett und gemütlich, die Kellnerinnen sehr freundlich. Romy bestellt Schnitzel und ich nehme Spargel mit Lachs. Haute Cuisine nach 4 Tagen Buschcampfutter!

Das Dachzelt ist unser Zuhause | Dead Vlei Sesriem

Living Desert Tour mit Tommy Collard | Cape Cross

Felsgravuren Twyfelfontein | Bizarre Straßenverhältnisse

Bei den Himba über Preise verhandeln | Cheeta Farm

The Little Five der Wüste

Swakopmund ist bekannt als „Deutschlands südlichstes Ostseebad", als Städtchen mit vielen architektonischen Spuren der Kolonialzeit, als Intermezzo, um auf der Reise durch den „Busch" mal wieder kultiviert shoppen zu gehen oder als „Abenteuer-Zentrum" für Gäste, die in verschiedenen Adventure Aktivitäten den Thrill suchen. Wir haben uns für ein Abenteuer der leiseren Töne entschieden. Weil Swakopmund so viel zu bieten hat und man Dünen ja schon reichlich in der Sossus Vlei gesehen hat, machen sich nur wenige auf, die Dünen um Swakopmund herum zu erkunden - „Normalsterbliche" entdecken dort kaum etwas außer viel, viel Sand und ein paar karge Büschlein. Das Internet verspricht jedoch, dass ein Tag in der Wüste zu einem unvergesslichen Höhepunkt werden kann, wenn man mit Tommy Collard unterwegs ist. Er ist waschechter Namibier, spricht ausgezeichnet Afrikanisch, Englisch und Deutsch und ist wahrscheinlich schon mit einer Schaufel voll Sand in den Händen auf die Welt gekommen.

Romy fragt schon seit fünf Tagen, wann wir endlich die Tour in der Wüste mit Tommy machen - heute ist es so weit. Um Punkt 8 werden wir von Tommy für seine Living Desert Tour bei der Pension abgeholt. Unterwegs sammeln wir noch sieben weitere Personen auf und fahren in die Wüste hinein. Da wartet ein zweites Auto. Zuerst mal Luft aus den Reifen lassen - von 3,5 Bar wird der Druck auf 0,8 Bar gesenkt! Das dauert vier kanadischen Touristen viel zu lange. Sie beschweren sich bei Tommy und wandern nach Swakopmund zurück. Pfff Urlaubsstress, oder was? Wir bleiben und warten gespannt auf das, was kommt….

Und schon geht es vielversprechend bei der ersten Düne los: Tommy springt aus dem Auto, flitzt wie eine Eidechse eine Düne hinauf und gräbt. Eine Minute später kommt er tatsächlich mit einem Tier in der Hand und einem Lächeln auf dem Gesicht zum Auto zurück. Er hat einen nachtaktiven bunten Palmatgecko erwischt.

Wir halten öfters an, um nach Spuren auf den Dünen zu suchen, und festzustellen, welche Tiere in der Nacht zuvor an dieser Stelle gewesen sind und Tommy fängt immer wieder eine neue Tierart. Jedes Tierchen wird nach einer ausführlichen Erklärung mit aller Vorsicht in sein Gebiet zurückgesetzt. Er erkennt die Spur einer Schlange in Dünen, in denen ich nichts als gleichmäßig verteilten Sand sehe. Tommy weiß auch, welche Schlange er bedenkenlos über seine in der Wüste immer nackten Füße – „Ein Buschmann und Schuhe passen nicht gut zusammen" – huschen lassen kann und wie man ein Chamäleon zum Rennen bringt. Er kann erklären, warum dieses Chamäleon dort auf welcher Körperseite welche Farbe annimmt.

Humorvoll und kompetent geht es weiter mit Käfer-Müsli, erzählt er wie Chamäleons Wasser trinken und lässt er die Dünen brummen. Romy hat eine Lupendose

(Marke: Felix), wo Tommy die Fundstücke immer wieder hinein gibt. Er ist so von dieser „Technologie" begeistert, dass wir ihm versprechen zwei Dosen nach Swakopmund zu schicken. Mehrere giftige Namib-Seitwinder Nattern, pinkfarbene Chamäleons, Kopfstandkäfer, schwarze Skorpione, eine Spatenmauleidechse: Tommy findet all diese kleinen Tiere, die Little Five der Wüste. Es wird mir ewig ein Rätsel bleiben, wie er das macht, aber hier gilt wohl einmal mehr der Satz: Gelernt ist gelernt. Bei jedem Schritt spürt man seine Begeisterung für den Platz, den er uns zeigt: Die lebendige Wüste.

Aber auch die negative Seite des Tourismus bringt Tommy uns näher. Durch die Quad Bikes werden Teile der Wüste zerstört, manche Pflanzen erholen sich, nachdem sie überfahren worden sind, erst nach 30 Jahren! Eine besondere Vogelart brütet in diesem Teil der Dünen und baut ihre Nester am Boden. Die zahlreichen Reifenspuren am Boden verraten, dass das nicht wirklich gescheit ist. Durch Tommys Engagement ziert inzwischen ein Zaun dieses Gebiet, um den Nachwuchs der Vögel vor den Quad Bikes zu schützen. Deswegen fährt er bei jeder Tour die gleiche Strecke, um somit die Dünen zu schützen.

Normalerweise endet die Tour um 13 Uhr. Die Gruppe, Romy, ich und auch Tommy sind heute so begeistert bei der Sache, dass wir erst um 15 Uhr bei der Pension abgeliefert werden. Wenn die Kanadier das gewusst hätten….

Nach einer Dusche fahren wir wieder in die Stadt hinein. Wir möchten die Wanderpromenade besuchen und vielleicht einige Geschenke in den zahlreichen Souvenirshops kaufen. Viele Geschäfte schließen leider schon um 17 Uhr aber das eine oder andere bleibt etwas länger geöffnet und wir kaufen einige Souvenirs für zu Hause. In den Souvenirshops werden zum Beispiel hölzerne Wildtiere verkauft, sowie Schmuck, Tischdekorationen, Bilderrahmen, Plüschtiere, Geschirr, alles aus Naturprodukten wie Lehm, Holz oder Muscheln gemacht. Nach dem Shopping essen wir noch mal bei der Kupferpfanne, weil es uns dort gestern so gut gefallen hat.

100.000 Pelzrobben

Es ist erst 7 Uhr, als wir uns am Frühstückstisch hinsetzen. Cornflakes, Obstsalat, gekochtes Ei, wir genießen das ausgiebige Frühstück. Eine Stunde später fahren wir zum großen Spar, wir brauchen für die nächsten 4 Tage Proviant. Ein Schweinefleischspieß, Würstel, frisches Brot, Äpfel, Wasser, Salat und Kohlen. Voll bepackt fahren wir mit den guten leckeren Sachen im Kühlschrank über die Salzstraße C 34 nach Cape Cross. Eine Salzstraße kannst du am Besten mit einer Asphaltstraße vergleichen. Heute ist es ziemlich nebelig, durch die kalte Meeresströmung nichts Ungewöhnliches für diese Region, aber so in der Früh scheint mir die Salzstraße doch immer wieder etwas rutschig zu sein. Also Gas zurück und Vorsicht.

In Cape Cross, 117 Kilometer nördlich von Swakopmund, besuchen wir die Pelzrobbenkolonie. Wir ziehen warme Socken, einen Pullover und eine Jacke an und erst dann trauen wir uns aus dem warmen Auto heraus. Wir sind oft vor dem penetranten Gestank der Robben gewarnt worden, aber es weht an der Küste so stark, dass wir davon nichts merken. Hinter einem Wandersteg, der die Robben von den Besuchern – oder umgekehrt?? - fern halten soll, liegen die Robben dicht gedrängt. Je nach Jahreszeit sollen sich hier zwischen 100.000 und 150.000 Tiere aufhalten. Die weiblichen Tiere sind etwa 75 Kg schwer, die Männchen zu Beginn der Paarungszeit bis zu

360 Kg (sonst etwa 190 Kg). Die Hauptnahrungsquelle der Robben sind kleine Fische wie Sardinen oder Tintenfische. Damit die Population nicht überhand nimmt, werden jährlich zwischen 5000 und 10.000 Tiere geschlachtet. Die Felle gehen in die Pelzindustrie und der Rest wird zu Fleisch- und Knochenmehl verarbeitet.

Nach unserem Besuch bei den Robben fahren wir die Salzstraße C34 bis Henties Bay zurück. Der Nebel hält an und wir sehen entlang der Straße mehrmals Schakale. Es ist bekannt, dass diese Tiere gerne mal eine junge Robbe auf dem Teller haben möchten. Die C35 nach Uis ist wieder ein Schotterweg und sehr gut befahrbar. Ungefähr 1 Kilometer landeinwärts schaut der Himmel schon blau aus und sobald wir aus dem Nebel heraus kommen, machen wir eine kurze Pause um uns in der Sonne aufzuwärmen. Ich freue mich schon auf die frischen Semmeln mit Kaffee, aber sobald wir die Sessel ausgeklappt haben, kommen zwei Wespen um Romy zu ärgern. Das war es dann wieder mit der gemütlichen Pause. Romy flüchtet ins Auto und ich räume alles wieder zusammen. Wir fahren mit dem Brot in der Hand und ohne Kaffee, weil der Gaskocher wieder mal versagt, weiter nach Uis.

Wir sehen öfters Bauarbeiter, die den Weg reparieren und glatt planieren. Mein Tempo liegt auf dieser neuen „Autobahn" sicherlich etwas zu hoch. Vorteil ist, dass wir schnell nach Uis vorankommen. Entlang der Straße werde ich von zahlreichen Mineralien-Verkäufern gemahnt anzuhalten, aber ich finde Mineralien nicht interessant - ich winke freundlich und fahre Bleifuß weiter! In Uis wird das Auto mit 30 Liter wieder vollgetankt. Ab jetzt wird es immer schwieriger an Treibstoff zu kommen und ich nutze jede Gelegenheit um das Auto voll zu tanken.

Am Campingplatz „The White Lady" angekommen, dürfen wir uns einen Stellplatz aussuchen. Die kleine Campsite ist quadratisch eingerichtet, alle Stellplätze befinden sich an der Außenseite, das Schwimmbad in der Mitte. Wir sind wieder die einzigen Gäste, 1 Stunde später reist noch ein deutsches Ehepaar an. Irgendwie fühle ich mich besser, wenn ich nicht ganz alleine auf einer Campsite stehe. Wir haben zum ersten Mal Strom am Campingplatz. Romy hat es sich schon wieder oben im Dachzelt gemütlich gemacht - ich packe den Computer aus und fange an Ordnung in die inzwischen 1200 Fotos zu bringen. Unscharfe Fotos werden gelöscht und die schönsten Fotos für das Fotobuch selektiert. Ich mache noch ein Backup von den inzwischen 1500 Fotos und lösche dann meine volle Speicherkarte von der Kamera.

Als Romy 2 Stunden später für unsere Grillparty herunter kommt, sieht sie einen Käfer bei der Leiter krabbeln. Der ist sicherlich 10 Zentimeter hoch und fast 15 Zentimeter lang, so ein Gerät habe auch ich noch nie gesehen. Das mit Afrika, Tieren und BIG habe ich schon mal erwähnt, oder?

Für die Suppe benötigen wir warmes Wasser, aber der Gaskocher funktioniert noch immer nicht. Echt alles an Equipment im Auto ist kaputt. Manchmal glaube ich, dass ich eine Survivaltour statt Campingtour gebucht habe. Wir fragen unseren „Nachbarn" um Hilfe und packen das Werkzeug aus. Nach einer halben Stunde herum basteln, funktioniert der Kocher wieder. Das Loch war verstopft, ehhhh Sand vielleicht??

Wir machen jetzt Feuer mit den Kohlen – das geht viel besser als mit dem Holz. Als Vorspeise eine Suppe, das Hauptgericht besteht aus Brot mit Kräuterbutter, einem frischen, knackigen Salat und herrlich gegrilltem Schweinefleisch. Es schmeckt hervorragend!

Romy ist müde und geht früh schlafen. Ich schreibe das Tagebuch auf dem Computer fertig und wechsele um 22 Uhr den Stecker vom Computer für den vom Kühlschrank. Es wäre doch schade, wenn das gute und frische Essen gleich morgen schon zum Wegwerfen wäre....

Felsgravuren & versteinerter Wald

Ich wache um 7 Uhr auf und klappe das Zelt wieder zusammen. Seit einigen Tagen habe ich den Kampf mit dem Reißverschluss aufgegeben und lasse den an der Hinterseite einfach offen. Die Außenseite des Zeltes wird schon ziemlich staubig, aber solange die Zeltfenster geschlossen bleiben, bleibt es im Zelt sauber. Einmal zusammen gepackt, bereite ich das Frühstück vor und bemerke, dass der Kühlschrank ein Gefrierfach geworden ist. Salat, Milch, Wasser, Butter, Mayonnaise, alles ist durch und durch gefroren. Ich habe den Mann der Autoverleihfirma in Windhuk noch gefragt, „da gibt es nur 1 Stufe" sagte er. Typisch Mann!

Um halb 9 steigen wir ins Auto und fahren auf der C34 weiter Richtung Norden. Das Wetter ist wunderschön, ab und zu erscheinen einige Schäfchenwolken am Himmel. Wir lassen den Brandberg wortwörtlich links liegen, in dieser Hitze freut es uns nicht, den langen Fußmarsch zu den „White Lady" Felsgravuren zu unternehmen. Marco hat uns empfohlen hier eine Abkürzung zu nehmen und ich biege in den D2319 ein. Zuerst ist die Straße noch sehr gut befahrbar, sie wird jedoch immer schmäler. Wir sehen zum ersten Mal das Schild „Achtung Elefanten", fotografieren es mit weichen Knien und hoffen natürlich auf ein Wunder. Das Wunder hat sich in der nächsten Kurve zum Albtraum verändert. Nein, keine Elefanten! Der Fluss, den wir überqueren müssen, ist sicherlich 10

Meter breit und das Wasser schaut ziemlich tief aus. Was mache ich da jetzt? Ich steige aus dem Auto um die Situation etwas genauer zu erkunden, im Hinterkopf immer den Gedanken an die herumstreunenden wilden Elefanten. Ich finde eine Spur, wo das Wasser maximal 10 Zentimeter tief ist, muss aber aufpassen, weil es gleich daneben bis zu 40 Zentimeter in die Tiefe geht. Sicherheitshalber schalte ich den Gang runter auf 4L, lege den ersten Gang ein und fahre langsam los. Es geht gut, noch 5 Meter, es geht sehr gut, noch 3 Meter, Pfff, geschafft! Das war jetzt wirklich sehr spannend.

Die Straße wird nach diesem Experiment immer schlechter und ich bereue die Abkürzung, obwohl - es geht nicht so schnell, aber die Strecke ist eigentlich ganz lustig. Genau in diesem Moment stürzen wir in ein Flussbett hinein, wo es danach auch noch zwei extra Sandwellen gibt. Rechtzeitig bremsen schaffe ich jetzt nicht mehr und wir fliegen voll in die Wellen hinein. Alles purzelt im Auto herum, wir heben mit vier Reifen ab, fliegen gefühlsmäßig 1 Minute durch die Luft, landen nach der zweiten Welle hart am Boden, aber der Motor läuft noch und Gott sei Dank können wir weiter fahren. Diese Stelle habe ich durch die blendende Sonne total übersehen, aber glücklicherweise ist nichts mit dem Auto und natürlich auch nicht mit uns passiert. Es wird uns doch nicht passieren, hier in „the middle of nowhere" übernachten zu müssen mit einem defekten Auto und Elefanten in der Nähe….

Wir biegen nach 40 Kilometer wieder auf die C34 ein - eine schnellere Abkürzung war das mit Sicherheit nicht, aber eine abwechslungsreiche. Wir fahren weiter nach Norden bis zur Abzweigung Twijfelfontein. Auch diese Straße ist eine D-Straße, aber wegen den verschiedenen Sehenswürdigkeiten entlang der Straße, ist diese gut erhalten und viel besser befahrbar. Der Bewuchs mit Büschen und Bäumen wird wieder dichter und hier gibt es zahlreiche Farmen, ersichtlich an den Zäunen links und rechts der Straße.

Als erstes fahren wir zu den Orgelpfeifen. Diese stehen in einem trockenen Flussbett, dessen Böschung sie bilden und dem sie vermutlich ihre Freilegung verdanken. Ihren Namen haben diese Säulen, welche aus härtestem Basalt sind, weil sie tatsächlich wie die Pfeifen einer Orgel aneinander stehen. Wenn man still ist, hört man vielleicht das Lied der Wüste…. Die Orgelpfeifen sind heute etwa fünf Meter hoch und, wie vieles in dieser Gegend, auch schon sehr alt. Vor rund 150 Millionen Jahren drang an dieser Stelle flüssige Lava in eine Gesteinsformation aus Schiefer. Die Lava erkaltete und Erosion, nicht zuletzt in Form des kleinen Flüsschens, tat ihr unermüdliches Werk und legte alles wieder frei. Wir schießen 20 Fotos und nach 5 Minuten haben wir genug gesehen.

Die Felsgravuren von Twijfelfontein sind das nächste Ziel. Wir dürfen die Felsgravuren nur in Begleitung eines Führers besuchen und bekommen „eine hochinteressierte Dame" zugewiesen! Twijfelfontein ist als eine der reichsten Felsgravuren-Fundstätten der Welt bekannt.

Über 2.500 Zeichnungen wurden bislang gefunden. Die hier im Damaraland auch schon früher lebenden Damaras, nannten die Quelle Uri-Ais, was springende Quelle bedeutet. Da die Quelle sich als unzuverlässig erwies, wurde sie umbenannt in "Twyfelfontein" - eben eine zweifelhafte Quelle.

Die Gravuren von Twyfelfontein sind unbekannten Alters, wie die meisten Natursehenswürdigkeiten dieses wahrlich steinalten Landes. Geschätzt werden sie auf 2.500 bis 10.000 Jahre, keiner weiß es genau, und vermutlich ist es auch egal, denn die Zeichnungen entstanden so oder so nicht an einem einzigen Tag, vielleicht nicht mal in einem einzigen Jahrhundert. Fakt ist lediglich, dass diese Stelle schon vor langer, langer Zeit bewohnt war und man schließt im allgemeinen aus den Darstellungen, die überwiegend Tiere, oder deren Spuren zeigen, dass es hier in früheren Jahrhunderten und Jahrtausenden klimatisch um einiges anders gewesen sein musste - dass es grüner, wasserreicher und tierreicher war. Wer diese Bilder schuf, ist ebenso ungewiss. Vermutlich waren es die San, die Buschmänner. Ob es nun wirklich Vorfahren der Buschmänner, Nama oder Damara waren, ist letztlich gerade durch die unterschiedlichen Altersbestimmungen sehr fraglich.

Berühmt sind besonders der von vielen Tieren umgebene, große Löwe mit dem rechtwinkelig abknickenden Schwanz und seinen mächtigen Pranken und der mit vielen geheimnisvollen Arabesken verzierte, tanzende Kudu. Ansonsten sind Jagdszenen zu sehen, Jäger mit Pfeil und Bogen, und viele einzelne Spuren, wie die von einem Kudu und Oryx. Überwiegend sind Antilopen abgebildet, aber auch viele Giraffen und Elefanten - Löwen und Zebras sind zu erkennen. Auch eine Robbe (bis zur Küste sind es nur rund 100 Km) und das beinahe ausgestorbene Breitmaulnashorn werden aus den Gravuren gedeutet.

Nach der Führung fahren wir 30 Kilometer auf der C39 nach Khorixas und besuchen den versteinerten Wald. Der Name täuscht ein wenig, zumindest findet man keinen Wald mit versteinerten Bäumen stehend vor. Die Stämme, die einst einmal, vor rund 250 bis 300 Millionen Jahren, in der so genannten Karbon- oder Kohlezeit, einen Wald gebildet hatten, liegen heute flach auf der Erde, jedoch alle in der gleichen Richtung. Einige der Baumstämme, die mittlerweile in zahllose Stücke zerbrochen sind, messen knapp 30 Meter in der Länge und bis zu 6 Meter im Umfang. Die Jahresringe lassen sich noch ebenso gut zählen wie an lebendem Holz.

Die Struktur der Stämme und das völlige Fehlen von Wurzeln weisen darauf hin, dass das Holz länger im Wasser gelegen haben muss. Irgendwann wurden sie dann angespült und mit Sedimenten zugedeckt. Ohne Verschüttung unter diesen Sedimenten wären sie den üblichen Gang alles Lebenden gegangen und es wäre nichts von ihnen wieder zu finden, doch die Bäume wurden zugedeckt und versteinerten unter Luftabschluss. Dann wurden sie irgendwann durch Erosion wieder freigelegt. Sowie die Felsgravuren steht auch der versteinerte Wald unter Schutz und trägt den Status eines Nationalmonuments.

Passend zu dieser Gegend der faszinierenden Urzeitzeugnisse wächst hier die Welwitschia Mirabilis, eines der kuriosesten pflanzlichen Geschöpfe der Erde. Die niedrige Pflanze wächst kaum in der Höhe und besitzt nur zwei Blätter, die sich unter dem Einfluss des Windes spalten und reißen. Durch die Feuchtigkeit der Küstennebel, die sich an den Blättern absetzen, bekommt die Pflanze Wasser und kann somit über 1000 Jahre werden. Das Weibchen trägt Früchte, das Männchen nicht.

Wir radeln die 30 Kilometer wieder zurück und fahren um halb 3 auf das Gelände des Camps Xaragu. Obwohl die Campsite sehr sauber ist, sind die Duschgelegenheiten ziemlich basic, aber echt in Ordnung und liebevoll mit hölzernen Vorhängen versehen. Genauso liebevoll sind die Öllaternen, die am Abend überall am Gelände angezündet werden. Wir suchen uns eine schattige Stelle aus, stellen das Dachzelt auf und richten den Stellplatz wieder ein. Romy braucht wiederum ihre Spielzeit und kuschelt sich oben ins Dachzelt. Obwohl es im Dachzelt doch immer etwas warm wird, genießt sie die beschützte Stelle und das unbeobachtete Spielen. Überraschenderweise traut sie sich am späten Nachmittag mal aus ihrem Versteck heraus und spielt längere Zeit am Campingplatz.

Afrika ist bekannt für seine wunderschönen rosa, orange oder rot gefärbten Sonnenuntergänge und danach der glitzernde Sternenhimmel und wir können das bestätigen. Der Sonnenuntergang ist traumhaft. Inzwischen machen wir gemeinsam ein Feuer, Romy deckt den Tisch und ich lege das gefrorene Fleisch auf den Rost. Dieses Mal eine Grillparty ohne Salat, dieser ist inzwischen aufgetaut und vom Wasser durchtränkt völlig ungenießbar.

Den Abend verbringen wir in der gemütlichen Lounge der Campsite und spielen das Kartenspiel der Kolonisten von Catan. Zum ersten Mal seit Lake Oanob ist der Campingplatz praktisch voll. Eine Gruppe neben uns hat die Musik ziemlich laut aufgedreht, wodurch es Romy nicht gelingt einzuschlafen. Nach einer halben Stunde bin ich dann mal hinspaziert. Ruhe bitte!

Dioptas

Heute geht es auf der C39 in westlicher Richtung und wir kommen bald in ein weites Tal, das sich langsam zum Huab Fluss hinab neigt. Auf der anderen Seite des Huab geht es steil in engen Kurven bergauf und von oben haben wir eine fantastische Aussicht über das Damaraland mit seinen Tafelbergen und kegelförmigen Bergspitzen. Durch die Berge gibt es hier bedeutend mehr Flussbetten, die zu überqueren sind und eben wegen der Regenzeit auch öfters unter Wasser stehen. Automatisch geht das Tempo hinunter, wir fahren maximal 50 bis 60 Kilometer pro Stunde. Ich schalte dauernd zwischen dem zweiten, dritten, maximal vierten Gang.

In dieser Region lebt der seltene Wüstenelefant, sowie zahlreiche „Achtung Elefanten" Schilder auch andeuten, aber wir sehen hier keine Tiere. Weiter nach Norden, auf der C43, kommen wir in Palmwag an ein Tor, das zur Kontrolle von Rinderseuchen hier eingerichtet ist. Es sind jetzt noch 110 Kilometer bis Sesfontein und teilweise ist die Straße wieder besser befahrbar, aber immer wenn ich in den fünften Gang schalten will, folgt ein Flussbett und muss ich wieder bremsen. Aber ich bremse nicht nur für die Flussbetten - zahlreiche Zebras, Springböcke, Oryxe und Strauße sind mitten auf der Straße auf der Suche nach Essen und Wasser.

Beim Abstecher nach Sesfontein ziert ein enormer Telefonmast die Landschaft, wir haben wieder Telefonempfang und melden uns mal bei Wolfgang. Der Empfang war bis jetzt sehr gut, zumindest auf den Hauptstraßen haben wir immer Netz gehabt. Die Landschaft schaut aus, als ob wir in Amerika im Bereich Grand Canyon unterwegs sind, die Berge gleichen dem amerikanischen Gebiet: einzigartig und wunderschön! In Sesfontein tanken wir das Auto mit 50 Liter voll und fahren zum Fort Sesfontein. Dieses alte deutsche Fort ist in den letzten Jahren komplett renoviert und zur Lodge ausgebaut worden. Wir genießen hier das Mittagessen: ein Cordon Bleu um scharfe N$120.

Bis zum heutigen unbekannten und wenig beachteten „Camp Aussicht" sind es jetzt noch zirka 50 Kilometer. Der Weg dorthin ist äußerst interessant. Wir fahren durch eine wunderschöne Berglandschaft, die Bäume färben langsam ihre Blätter gelb, es wird immer deutlicher, dass wir in der Herbstzeit unterwegs sind. Teilweise ist die Straße durch Überflutungen weggespült oder von zahlreichen großen Steinen fast unpassierbar geworden. Wir brauchen mehr als 1 Stunde für diese Strecke, aber ich würde es als eine schöne und abenteuerliche Stunde bezeichnen! Als ich den Joubert Pass erreiche, wird mir klar, warum diese kurze Strecke asphaltiert ist. Diese Passage ist so steil, dass ein normales Auto bei einem Schotterweg nicht hinaufkommen würde. Ich gebe Vollgas, aber auch der Nissan hat es schwer, die letzten fünf Meter muss ich sogar im ersten Gang zurücklegen.

Oben angekommen ist die Aussicht traumhaft! Plötzlich steht ein Mann neben der Straße und hält den Daumen hoch – ein Autostopper. Aber ich halte nicht an, ich gebe sogar noch etwas Gas. Als Frau alleine mit Kind muss ich unterwegs etwas vorsichtiger sein und werde jetzt sicherlich niemanden mitnehmen. Ironischerweise verlange ich bei einer Panne natürlich schon, dass der Autostopper mir beim Reifen wechseln hilft….

Beim Aushängeschild der Campsite biegen wir in einen Pfad ein. Die 5 Kilometer lange Strecke bis zur Campsite ist ein wahres Erlebnis! Das Schild hat angedeutet, dass die Campsite sich hier befindet, denn ansonsten hätten wir nicht gedacht, dass am Ende der Straße wirklich noch etwas kommt. Marius Steiner, der Eigentümer von Camp Aussicht, hat hier vor 25 Jahren voller Idealismus mit dem Abbau der wunderschönen Dioptasmineralien begonnen und eine Campsite eingerichtet. Dioptas ist ein seltener durchsichtiger grüner Edelstein, auch als Kupfersmaragd bezeichnet und leicht mit dem Smaragd zu verwechseln.

Die Campsite wird im Internet mit „gut" bewertet, aber als wir dort hinkommen, finden wir eine sehr primitive Campsite vor. Ein Plumpsklo und eine Buschshower – lies: ein Eimer mit Löchern. Du gibst das Wasser oben hinein und bei den Löchern rinnt es wieder raus. Die Anzahl der Löcher entscheidet über die Dauer deines Duschvorgangs. Dieses Mal sind wir die einzigen Campinggäste, ein Spanier, der mit dem Rad von Kapstadt nach Spanien unterwegs ist, übernachtet bei

Marius im Haus. In einer jedoch phantastischen Landschaft, mitten im Nichts, aber voller fliegender mückenartiger Insekten, errichten wir unser Camp. Marius schaut einige Male vorbei und kümmert sich wirklich nett um uns. Er beruhigt uns: die so genannten Mücken sind kleine Insekten mit einer Saugfratze, die Wasser saugen, keine Moskitos! Wenn das so ist, muss ich sagen, dass wir bis heute noch keine Stechmücken gesehen haben. Wir nehmen auch keine Malaria Prophylaxe, weil das einzige Malariagebiet in Namibia sich an der Grenze zu Angola befindet - so weit nach Norden kommen wir nicht. Durch die heftige und wasserreiche Regenzeit gibt es aber Warnungen, dass die Mücken doch auch etwas südlicher unterwegs sein könnten. Bis jetzt haben wir Glück und habe ich nicht mal eine Mückenbeule bemerken können.

Wir machen am Abend wieder ein Feuer und grillen einige Würstel, dieses Mal mit Erbsen dazu. So hoch in den Bergen wird es bereits eine halbe Stunde früher dunkel, damit habe ich nicht gerechnet! Die Würstel sind erst fertig, als es schon dunkel ist, schmecken jedoch wunderbar beim Kerzenlicht mit Zitronenduft. Ich habe Romy versprochen, dass wir nach dem Essen ein großes Lagerfeuer machen werden. Unsere Gaslampe ist kaputt gegangen - nach 2 Tagen ohne Defekte war wieder was an der Reihe - das trifft sich sehr gut. Die lodernden Flammen des Lagerfeuers bringen uns genügend Licht und angenehme Wärme, während ich einen Kaffee trinke und Romy vom Feuer Fotos macht. Sie genießt es sehr. Ich schaue ihr glücklich zu und fühle in diesem Moment eine innerliche Zufriedenheit aufkommen. Ich empfinde es als Privileg mit ihr unterwegs zu sein und ihr die Welt zu zeigen. Sie ist noch nicht von Gewohnheiten und Vorurteilen geprägt und geht jede Reise unkompliziert und voller Wissbegierde an. Das Reisen mit ihr ist einfach schön und ich bin sehr stolz auf sie.

Kaokoveld

Beim Zusammenklappen des Dachzeltes, wird auch die Matratze zusammen geklappt, was offensichtlich schon 1000-de Male passiert ist. Die Matratze ist deswegen in der Mitte viel dünner und ich liege ziemlich durch, das sagt mir zumindest mein Rücken. Umso mehr freue ich mich auf zwei Nächte in der Lodge, in einem herrlichen warmen, weichen und staubfreien Bett.

Bevor wir nach Opuwo fahren, suchen wir Marius im Haupthaus auf. Er hat vor 7 Monaten zwei zahme Strauße gefangen, da ist Romy neugierig geworden. Aber wenn du als 6-jähriges Mädchen neben einem 2 Meter hohen Strauß stehst, ist der doch ziemlich groß und die Bewegungen von dem langen Hals sind schwirig einzuschätzen. Marius hält die Tiere unter Kontrolle und zeigt uns nachher seine Werkstatt, wo er die blauen Kupfersteine spaltet und das Dioptas heraushoIt. Die Liebe zu den Mineralien hat er von seinem Vater geerbt. In so einer Umgebung, weit weg von der Zivilisation muss es wohl Liebe sein. Ich möchte da nicht mal für eine Million Euro wohnen. Na ja, eine Woche vielleicht....

Die Straße nach Opuwo ist, im Gegensatz zum gestrigen Teil, wieder sehr gut befahrbar, obwohl man die nördlichen C-Straßen nicht mit den C-Straßen im Süden vergleichen kann. Die Straße führt uns durch das Kaokoveld, das traditionelle Siedlungsgebiet der Himba.

Wir fahren immer öfter an kleinen Himba-Dörfern vorbei. Die Himba-Frauen arbeiten beim Haus, rühren die Milch zu Butter oder tragen Holz auf dem Kopf während die Männer „nur" die Ziegen- oder Kuhherden hüten. Und Kinder, überall entlang der Straße spielen, rennen, lachen und winken Kinder. Nach etwa 80 Kilometer durch diese abwechslungsreiche Landschaft mit den Joubertbergen immer an der rechten Hand, erreichen wir nach fast 2 Stunden Opuwo. Ganz überrascht bin ich von der Größe dieser Stadt, der Anzahl der Menschen auf der Straße und der Mischung von Namibiern, Herero und Himba. Da kommt aber auch eine gewisse Unsicherheit bei mir nach oben und sicherheitshalber verriegele ich die Autotüren von Innen. Vielleicht nicht notwendig, aber ich mache es einfach.

Wir fahren gleich zur Opuwo Country Lodge und schon beim Eingang habe ich das Gefühl, dass ich im Paradies gelandet bin. Das Hotel schaut typisch afrikanisch, trotzdem hochmodern und sehr exklusiv aus, wir bekommen sogar einen Willkommen-Drink! Und es gibt ein Schwimmbad. Romy will da natürlich hin, deswegen verbringen wir den Nachmittag am Rande des Schwimmbades mit fabelhafter Aussicht über Kaokoveld. Die Lufttemperatur ist 30 Grad, aber da weht eine kräftige Brise und das Wasser ist maximal 22 Grad. Wir sitzen wortwörtlich mehr am Rande des Bades, im Wasser ist es einfach viel zu kalt. Schade, es wird wieder nichts mit Schwimmen.

Zum Mittagessen bestellen wir eine erstklassige Mahlzeit auf der Terrasse. Romy bekommt Schinken-Käse-Toast mit Pommes, ich bestelle ein französisches Baguette mit Lachs und Brie. Fantastisch! Inzwischen setzen sich zwei Holländer auf die Terrasse - die beiden sind gerade auch von Sesfontein angereist. Wir geraten ins Gespräch und er, Jeroen, erzählt, wie sie heute Morgen einer einheimischen Familie geholfen haben. Die Familie hatte gestern Abend eine Reifenpanne und mit ihren drei Kindern entlang der Straße übernachten müssen. Jeroen und Antoinette haben ihren Reserve-reifen ausgeborgt und hoffen natürlich, ihn heute wieder zurück zu bekommen. Romy spielt am Schwimmbadrand und ich unterhalte mich mit den beiden. Wir finden heraus, dass wir uns in drei Tagen in Etosha am Campingplatz wieder treffen werden. Und es wird deutlich, dass die Namibier sehr nette Menschen sind - der ausgeborgten Reifen wird tatsächlich nachgeliefert.

Wir verbringen den Nachmittag relaxend im Zimmer, genießen das Abendessen im gemütlichen Restaurant und die Nacht im herrlich warmen und weichen Bett.

Die Himba

Wir fahren schnell mit Jeroen und Antoinette in die Stadt. Wir müssen Geld wechseln und Proviant einkaufen. In der Warteschlange der Bank steht eine rot eingecremte Himba-Frau, mit nacktem Oberkörper, bestückt mit zahlreichen Ketten, wunderschönem Haarschmuck und einem Rock aus Ziegenfell. Dahinter eine Herero-Frau mit einem bunten Kleid, womit sie offensichtlich schon einige Male hängen geblieben ist. Die Tracht schreibt einige Kleider übereinander vor, langärmelig und einen Dreieck-Hut. Unglaublich, dass diese beiden Frauen, die auf den ersten Blick total unterschiedlich ausschauen, mit einander verwandt sind. Dazwischen läuft die Jugend, die modern gekleidet ist und sogar über ein Handy verfügt. Ein faszinierender Anblick.

Mit N$ 2000 in der Tasche und frischen Lebensmitteln im Kühlschrank verabschieden wir uns von Jeroen und Antoinette, sie fahren heute nach Kamanjab, wir bleiben noch eine Nacht in Opuwo und folgen den Beiden dann morgen.

Um Punkt 3 melden wir uns im Hotel bei unserem Führer Konsa für eine geführte Himba-Tour. Wir fahren gemeinsam mit Mark und Sarah, ein interessantes amerikanisches Duo, die bald in einem Heißluftballon über der Sossus Vlei heiraten werden und jetzt fast 8

Monate auf Weltreise unterwegs sind. Wir fahren 30 Minuten und kommen in „the middle of nowhere" zu einem, auf dem ersten Blick, verlassenen Dorf. Der Führer hupt einige Male und da kommen auch schon die ersten Kinder aus den Büschen angerannt. Der Führer muss zuerst beim Chief die Zustimmung einholen, ob wir sein Dorf besuchen dürfen, wir warten inzwischen beim Auto. Der Chief, der übrigens keine Ahnung hat wie alt er ist, freut sich auf unser Kommen und wir dürfen gerne sein Dorf besuchen und fotografieren.

Die Himba sind ein Nomadenvolk und haben in den vergangenen Jahrzehnten so viele Katastrophen und Einflussnahmen von außen erlebt, dass es fast einem Wunder gleicht, wie stolz sie ihrer Tradition treu geblieben sind. Die auffälligsten Merkmale der Himba sind deren Kleidung, der reiche Schmuck und die rote Hautbemalung.

Inzwischen erklärt Konsa wie wir die Himba begrüßen können: die Hand geben und das Wort moro, also Guten Tag, sagen. Dann ist der Chief so weit, dass er uns empfangen kann. Wir, mit unseren Sandalen, schauen genau, wo wir unsere Füße hinplatzieren. Überall liegen Kuhfladen und kleine Dorne. Die Himba interessiert das alles nicht, sie marschieren überall barfuß durch. Der Chief sitzt auf einem Stuhl, nur Männer „besitzen" Stühle, Frauen sitzen am Boden. Ich begrüße ihn, gebe ihm eine Hand und sage „moro". Erstaunlicherweise macht Romy das Ritual nach. Sie ist eher eine scheue junge Dame, aber stolz schaue ich ihr zu, wie sie den

Chief begrüßt. Der Chief stellt Fragen, „wie viele Frauen habt ihr?", „wie viele Kühe habt ihr?", „wie viele Kinder habt ihr?". Er schüttelt fassungslos den Kopf. Nur 1 Mann, nur 1 Kind und keine Kühe. Was sind wir für ein Volk? Auf die Frage von wo wir kommen, brauchen wir nur die Richtung anzudeuten. Er hat keine Ahnung wo Europa oder Amerika liegt, er weißt nicht mal wie weit 100 Kilometer sind. Barak Obama, Garth Brooks, Michael Schuhmacher oder Johann Cruyff, bemühe dich nicht, er kennt sie nicht!

Während des Rundganges erfahren wir, dass die Männer schon sehr von der heutigen Technologie beeinflusst worden sind und meistens mit T-Shirt und Shorts angezogen sind. Die jüngeren Burschen tragen schon noch ein Ziegenfell und haben die Haare rasiert. Sind die Jungs etwas älter, dann tragen die nur 1 Zopf am Hinterkopf.

Die Frauen dahingegen, sind noch immer sehr traditionell gekleidet. Sie tragen einen Rock aus Ziegenfell und sind am nackten Oberkörper bekleidet mit Schmuck wie Ketten, Perlen, Muscheln und Steinen. Jedes Detail an der Kleidung hat einen emotionellen Wert oder eine spezielle Bedeutung. Ein Kind bekommen - ein Schmuckstück am Fuß, Vater gestorben - ein Schmuckstück am Arm. An der Haartracht kannst du den gesellschaftlichen Status des Trägers ablesen. Die Kinder tragen die Haare in zwei Zöpfen nach vorne und symbolisieren Rinderhörner. Die etwas älteren Kinder, ich schätze so 10 – 12 Jahre, haben viele rot gefärbte

Zöpfe nach vorne hängen und können bald heiraten. Sind die Mädchen einmal verheiratet, dann tragen sie die Haare nach hinten, bekommen zwei abstehende Zipfel der Fellhaube und werden mit dem roten Farbstoff und der Buttermischung verschönert. Die Himba kennen keinen Kalender. Wie alt sie sind, wissen sie nicht. Geburtstag, Weihnachten, Hochzeitstag, alles unbekannt. Romy schenkt einem Kind einen Hai aus Plastik. Die Mutter des Kindes weiß was ein Elefant ist, hat aber keine Ahnung, was der Hai für ein Tier ist und wo er lebt.

Ich schätze, dass die Mädchen mit 14 – 16 Jahren heiraten um ein wenig später, das erste Baby zu bekommen und mit durchschnittlich 8 bis 14 Kindern in die Wechseljahre zu gelangen. Die Frauen sind bekannt für ihr rotes Aussehen, eine Pasta aus Rotholzpulver und Butter. Sie cremen sich zweimal täglich mit dem schmuddeligen Zeug ein. Die Frauen dürfen sich nicht waschen, die Männer schon. Eine Dame zeigt uns in ihrem Haus das Baderitual beziehungsweise das Eincremen mit der roten Farbe, und wie sie sich nachher parfümiert – nicht nur unter den Armen, sondern auch ihr Gesicht und der Vaginalbereich wird mit dem herrlichen Duft versehen. Die Dame will uns am Arm eincremen und ganz überraschend springt Romy als erstes auf. Sie will unbedingt einen roten Arm haben.

Am Ende der Besichtigung folgt die Einkaufsrunde. Bis vor einigen Jahren haben Touristen die wunderschönen Schmuckstücke der Frauen für viel Geld von deren

Körper gekauft, die für die Himba jedoch einen hohen emotionalen Wert hatten. Die Führer haben die Himba dann empfohlen, auch einige Schmuckstücke für den Verkauf zu produzieren, eine prima Lösung! Alle Damen haben Handwerk, meist Schmuck, ausgestellt und wir dürfen natürlich handeln. Romy wünscht sich eine Kette mit einer Muschel und darf selbst über den Preis bestimmen. Die Dame fängt bei N$100 an, Romy will N$ 50 bezahlen. Ich sage ihr, sie soll zuerst zwei, dann vier und zum Schluss fünf Finger anzeigen. Die Dame will sechs, aber Romy bleibt bei fünf, okay, DEAL. Romy hat um N$50 eine Himba-Kette gekauft. Die Frauen haben ziemlich lachen müssen mit Romy, wie sie da gehandelt hat. Ich bin nur stolz auf meiner Tochter. Sie hat mit 6 Jahren allen Himba-Frauen eine Hand gegeben und sie begrüßt, sie hat sich mit der roten Farbe eincremen lassen und jetzt selbst ihre Kette ersteigert. Fabelhaft!

Nach einem Abschiedstanz lassen wir Geschenke wie Mehl, Tabak, Kohle und Wasser da und verabschieden uns von diesen besonderen liebenswerten Menschen.

Nach dem Abendessen bekommen wir einige tolle Fotos von Sarah geschenkt, welche sie von Romy gemacht hat. Thanks Sarah!

Wilde Katzen

Unsere Gaslampe ist noch immer defekt und bevor ich weiterfahre, möchte ich diese erst reparieren lassen. Ich weiß nicht wie die heutige Campsite ausgestattet ist und nur eine Taschenlampe ist mir zu wenig. Marius, vom Camp Aussicht, hat uns die Firma Agra in Opuwo empfohlen, wo Ersatzteile für den Gaskocher verkauft werden. Wir finden das Geschäft neben dem Supermarkt, welches ich am Besten mit einem Lagerhaus umschreiben kann. Es gibt dort auch Lebensmittel, aber eigentlich wird Werkzeug und allerhand Ersatzteile verkauft. Wir fragen im Geschäft erst mal nach und der Manager des Ladens ist sehr hilfsbereit. Er platziert einen neuen Sack um das Ventil und ich hole inzwischen die Gasflasche aus dem Auto. Ich werde den Laden nicht verlassen, ohne dass die Lampe wieder funktioniert! Der Manager bastelt eine Weile herum und bis die Gaslampe repariert ist, dauert es fast eine Stunde. Die Reparatur kostet genau N$ 28,40. Jetzt können wir beruhigt nach Kamanjab fahren.

Es sind zur Otjitotongwe Cheeta Farm 260 Kilometer und zum ersten Mal nach Swakopmund haben wir wieder eine Asphaltstraße – die C41, nachher C35. Der Tacho steht ständig auf 120 KMH - es piepst andauernd - ich freue mich endlich mal etwas schneller fahren zu können und nicht durchgeschüttelt zu werden. Wir müssen nur immer wieder bremsen für Herden von Kühen oder

Ziegen, die in diesem Gebiet zahlreich anwesend sind. Die Landschaft wird geprägt von großen runden Felsblöcken, die, so wie es scheint, auf einander gestapelt sind. Wir fahren am Zaun des westlichen Teils Etosha vorbei und als wir direkt neben der Straße auf eine Giraffe stoßen, wird uns klar, dass wir wirklich in der Nähe des Nationalparks sind. Wir sehen unterwegs auch ein Gürteltier, einen Dachs und zahlreiche Schlangen, leider alle überfahren.

Was noch mehr auffällt, sind die große Anzahl der Termitenhügel in dieser Region. Direkt außerhalb von Opuwo steht ein Hügel, wo die Äste eines Baumes wie Ärmel heraus stehen. Ein wunderbarer Anblick, aber ich vergesse dieses Kunstwerk zu fotografieren, was mich bis heute ärgert! Komischerweise bauen die Tiere sehr oft in der Nähe eines Baumes ihr Zuhause. Man sagt, dass wenn der Hügel einen Meter hoch ist, die Höhle auch bis zu einem Meter tief in den Boden läuft. Was wir sonst viel sehen, sind Vogelnester oben auf den Elektrizitätsmasten gebaut.

Mitten in Kamanjab befindet sich ein Supermarkt, wir brauchen noch etwas Fleisch für das Barbecue heute Abend. Im Gefrierfach finden wir Hühnerfilets, die nehmen wir mit, sowie frische Brötchen. Jetzt noch mal 30 Liter Benzin tanken und dann sind es noch 25 Kilometer zur Cheeta Farm. Ich lenke in die D 2683 ein und mache das Tor auf. Auf den Hinweisschildern stehen immer Richtungspfeile und die Kilometerdistanz. Aber wie interpretierst du die Symbole? Erst 8 Kilometer fahren und dann links abbiegen, oder erst abbiegen und dann noch 8 Kilometer fahren. Ich vermute das letzte, zweifle trotzdem. Beim zweiten Tor hängt dann ein großes Schild „Cheeta Park - visitors only allowed to enter after 3.00 pm". Es ist aber erst 12 Uhr. Ich zweifele noch mehr, ob ich richtig gefahren bin und will natürlich nicht, dass ein Gepard oben auf dem Autodach mitfährt. Ich rufe sicherheitshalber den Besitzer an, „Alles okay, einfach weiterfahren" und nach noch mal 3 Kilometer stehen wir tatsächlich vor seinem Haus. Zur Campsite sind es dann noch 2 Kilometer. Tja, wenn du zu einer Cheetafarm fährst, erwartest du jederzeit Geparden. Du weißt, dass die Tiere in der Nähe sind, siehst sie aber nicht. Eine Art Safari.

Die Campsite liegt sicherlich 10 Kilometer von der Hauptstraße in einer schönen und ruhigen Gegend. Die zahlreichen Vögel wie Gelbschnabeltoko, Glanzstar zwitschern und rosa Tauben gurren in den Bäumen, die Weber bauen fleißig ihr Nest. Wir haben diese Nester unterwegs sehr oft gesehen und man erkennt sie sofort. Der Baum schaut wie ein afrikanischer Weihnachtsbaum aus, überall hängen die Kugeln drinnen, nur der Engel fehlt.

Um 15.00 Uhr werden wir für die Cheetatour von Marius, den Sohn des Hauses, abgeholt. Auf der Farm, die seit 1930 in Händen dieser Familie ist, werden 3 zahme Geparden gehalten. Romy darf die Mädchen streicheln, aber das erlaube ich nur, wenn der Besitzer dabei ist. Es ist doch zum Aufpassen mit zahmen

Wildtieren und Kindern, die können durch ihre geringe Größe und ihre unerwarteten Bewegungen schnell mal für eine Beute angesehen werden. Noch mehr aufpassen heißt es, wenn die Tiere Futter bekommen. Ich bin mit Tieren aufgewachsen und weiß, dass man mit Tieren die fressen nicht herum spielen soll. Eines der Gepard-Weibchen legt sich vor Romy hin und wird voller Stolz zärtlich und liebevoll von ihr gestreichelt. Mutige Romy!

Mit Gewitter und einem dunklen Himmel im Hintergrund steigen wir auf die Ladefläche des Pick-up Autos. Die zahmen Geparde waren erst der Anfang der Besichtigung, jetzt wird es ernst. Wir fahren, stehend oben auf der Ladefläche mit einer Mülltonne voller zerlegtem Esel zwischen uns, in ein riesiges Gehege hinein. Die ersten wilden Geparde tauchen aus dem Nichts auf und folgen dem Auto. Obwohl diese Geparde wild sind, werden sie gefüttert und das wissen die auch. Wir fahren 2 Kilometer in den Park hinein - die drei Geparden immer in der Nähe und die Fleischtonne zwischen uns. Die zierlichen Katzen schleichen durch das hohe Gras und sind teilweise kaum bemerkbar. Laut Marius halten sich 13 Tiere in diesem Gehege auf, wir sehen jedoch nur 3, die anderen befinden sich aber sicherlich in unmittelbarer Nähe des Autos! Marius hält an und steigt aus dem Auto aus. Pfff, der traut sich was - Respekt! Er öffnet die Ladefläche des Pick-ups und wie auf Kommando erscheinen immer mehr Geparde. Es bewegt sich erst nur das Gras und mit einem Sprung stehen die Tiere neben dem Auto. So schnell kannst du gar nicht schauen. Es sind ohne Zweifel die schnellsten Tiere der Welt!

Marius schmeißt ein Stuck Esel nach rechts, klik klik klik machen die Fotokameras und grrrr grrrr grrrr kämpfen vier oder fünf Geparden um das Fleisch. Das gleiche dann nach links, wieder rechts, wieder links, ein Gepard ist an einem Auge blind, er hat heute Glück und bekommt das Stück direkt ins Maul geworfen. Aber nicht alle Geparde bekommen ein Stück Esel, das ist in der Natur auch nicht so, erklärt Marius. Vielleicht haben diese Geparde morgen mehr Glück.

Inzwischen blitzt und donnert es ordentlich und eine frische Brise kommt auf. Nicht weit von uns entfernt regnet es schon und der Himmel schaut bedrohlich dunkel aus. Schnell fahren wir zur Campsite zurück, Romy sitzt inzwischen gemütlich in der warmen Fahrerkabine, während ich auf der Ladefläche langsam erfriere. Zurück am Campingplatz erscheint ein Regenbogen am Himmel, das ist ein Zeichen! Ich bin mir sicher, dass das Gewitter an uns vorbei ziehen wird. Optimistisch zünde ich die Kohle für den Griller, oder auf Afrikanisch Braai, an und bereite das Abendessen vor. Romy spielt am Stellplatz. Dieser ist voll mit kleinen Dornenbällen, die an Schuhen und Kleidung kleben bleiben und sich gemein in unserer Haut festbeißen. Logischerweise tauschen wir die Sandalen gegen unsere Halbschuhe, die haben wir somit nicht ganz umsonst mitgenommen. Das Essen ist inzwischen fertig und wir freuen uns auf die Hühnerfilets mit Salat – natürlich im

Trockenen. Aber es wird schnell dunkel und ich bin froh, dass wir unsere Gaslampe repariert haben. Libellen, Fliegen, Mücken, Schmetterlinge, Heuschrecken und andere nicht identifizierbare Insekten werden von dem „neuen" Licht angelockt.

Elefantenspuren

Heute wird uns wieder mal deutlich, dass wir in der Herbstzeit reisen. Ich wache auf, weil ich eiskalte Füße habe. Auch der Rücken hat sich nach zwei Nächten Hotel nicht erholt und schmerzt. Aber gleichzeitig kommt auch eine Freude auf: Etosha!

Entlang der C38, welcher von Outjo nach Okaukuejo führt, steht das Gras wirklich Bauchhoch. Wir sehen eine Truppe Paviane die Straße überqueren, sie verschwinden jedoch gleich im hohen Gras. Auch für die witzigen Warzenschweine können wir gerade noch rechtzeitig bremsen, sobald sie die Straße überquert haben, hören wir nur noch das Rascheln der Grashalme. Fotografieren ist unmöglich.

Eine Viertelstunde später stehen wir vor dem Etosha Eingang. Mit seinen rund 23.000 km² Fläche - so groß wie Vorarlberg, Tirol und das Salzburger Land zusammen - ist der Etosha Nationalpark, oder einfach Etoshapfanne, eines der größten Naturreservate der Welt. Nach der Serengeti in Tansania hat die Etoshapfanne die höchste Wilddichte aller Nationalparks Afrikas. So leben hier 114 verschiedene Säugetierarten, teilweise in sehr großer Zahl, wie die Springböcke und die Zebras. Dazu etwa 300 Arten Vögel und diverse Reptilien. Der Park ist eigentlich ein Muss für jeden Namibiareisenden. Leoparden, Giraffen, Löwen oder das seltene schwarze

Nashorn sind hier genauso zu finden wie Hyänen, Bergzebras, Gnus und Elefanten. In der Mitte des Parks befindet sich, umgeben von Savannen und Buschwäldern, die eigentliche Pfanne, eine ausgedehnte Salz- und Lehmpfanne, oder ein flacher, verlandeter See von etwa 5000 km² Fläche, der nur in guten Regenjahren wie auch 2008/2009 eine größere Wasserfläche von ca. 10 cm Tiefe bildet, die meiste Zeit des Jahres aber ockergrau und silbern in der Sonne schimmert. Daher bedeutet auch das aus der Oshivambo-Sprache kommende Wort Etosha soviel wie: "großer weißer Platz trockenen Wassers". Fischarten, die an diese trockenen Seen angepasst sind, schlüpfen während der Regenzeit aus ihren Eiern und bevölkern den See. Ihr Ziel ist es, so schnell wie möglich wieder Eier zu legen, die dann wieder monatelang im kalkigen Lehmschlamm überdauern, bis der nächste Regen die Pfanne wieder füllt. Auch die hier heimischen Wasserschildkröten leben ein ähnliches Leben und graben sich für Monate ein.

Am Südrand der Pfanne befinden sich eine ganze Reihe Wasserquellen, die zahlreiches Wild anlocken. Hier liegen auch die drei Campsites: Okaukuejo, Halali und Namutoni. Neben den natürlichen Wasserstellen gibt es auch einige künstlich angelegte. Die gut befahrbaren Straßen verlaufen so, dass man alle interessanten Wasserstellen und Sehenswürdigkeiten gut erreichen kann. Der Einlass ist ab Sonnenaufgang, bei Sonnenuntergang musst du wieder bei deiner Campsite eingekehrt sein.

Wir verbleiben heute in Okaukuejo. Das aus weiß leuchtendem Kalkgestein errichtete Tor, der Wasser- und Aussichtsturm und das Restaurant geben dem Camp ein ganz besonderes warmes Flair. In der Touristen-information können Besucher ihre täglichen Beobachtungen eintragen, die sie an den diversen Wasserlöchern gemacht haben. Nachdem wir ein 2-tages Permit um N$ 180 und eine Karte des Nationalparks gekauft haben, informieren wir uns dort über interessante Entdeckungen. So erfahren wir, dass sich bei Leeubron öfters Löwen aufhalten und am Nachmittag in Olifantbad die Elefanten Wasser trinken. Afrikanischer Zufall vielleicht?

Ein ganz besonderes Bonbon ist natürlich die Wasserstelle am Campingplatz. Der Sitzbereich ist einiges höher gelegen und durch entsprechende Einzäunung so gesichert, dass man dennoch einen freien Blick zum Wasserloch hat. Nachts wird es angestrahlt, so dass man in warmen Nächten lange ausharren und allerlei Tiere beobachten kann, wie zum Beispiel Elefanten oder Nashörner. Außer 400 Zebras treffen wir hier wieder auf Jeroen und Antoinette, die wir in Opuwo kennen gelernt haben und laden die zwei zum späteren Abendessen ein.

Romy kann nicht mehr warten, sie will losfahren. Es ist erst 13 Uhr und nicht wirklich eine gute Zeit für eine Wildbeobachtung, aber egal. Schauen wir mal was bei den Wasserstellen so los ist. Wir entscheiden uns für den östlichen Teil und fahren zum Olifantbad. Nach 5

Kilometer wird mir klar, dass wir in Etosha nicht viel sehen werden. Und das nicht wegen der Uhrzeit! Das Gras steht ungefähr Bauchhoch, die Sträucher haben so viele Blätter wie noch nie und das Gebüsch steht so eng aneinander, da findet nicht mal eine Ameise ein Loch zum Durchschauen. Ich höre öfters von Leuten, dass sie nicht in oder nach der Regenzeit nach Afrika fahren möchten, aber alles hat so seine Vor- und Nachteile. Wir werden am Sonntagnachmittag, als wir Etosha verlassen, die Bilanz ziehen.

Wir erreichen eine offene Fläche und sehen Zebras, Zebras, Zebras und noch mehr Zebras. Wie viele haben die hier eigentlich? Und dazwischen stehen noch mehr Springböcke, egal wo du schaust, du siehst Springböcke! Angeblich 300.000 Stück im gesamten Park. Etwas weiter begegnen wir zum ersten Mal einer Herde Impalas. Jetzt ist der Unterschied zwischen Springböcke und Impalas deutlich sichtbar. Die Impalas sind größer, haben mehr Braun am Bauch statt Schwarz und auch die Hörner krümmen sich anders.

Wir nähern uns Olifantbad und Romy muss dringend auf die Toilette. Es gibt in der Nähe ein sicheres Gelände mit Zaun, wo sie auf die Toilette, lies: im Freien gehen kann. Einfach im Park so aussteigen ist keine gute Idee! Ich verpasse jedoch die Ausfahrt und stehe direkt vor dem Wasserloch Olifantbad Auge in Auge mit 40 Elefanten!!! Whow. Ich mache schnell 3 Fotos, weil Romy muss echt sehr dringend. Wir drehen das Auto, fahren zur Toilette und sind nach knapp fünf Minuten wieder zurück. Leider sind die meisten Elefanten dann schon wieder im Wald verschwunden, nur noch vier Elefanten stehen beim Wasserloch. Ich fotografiere die riesigen Tiere ausgiebig, ich habe sogar ein Foto von einem Elefanten mit sechs Beinen!?! Als auch die letzten vier Elefanten Richtung Wald marschieren, bemerke ich, dass der Nissan doch ziemlich nah an deren Route steht. Wegfahren möchte ich jetzt nicht mehr, damit könnte ich das junge Männchen vielleicht verärgern. Mit angehaltenem Atem sitzen Romy und ich bewegungslos im Auto, wir fürchten uns ein wenig, meine Finger kleben sicherheitshalber am Autoschlüssel. Der Bulle schaut uns an, flattert zweimal mit seinen Ohren und marschiert fast geräuschlos an uns vorbei und verschwindet im Wald. Puuhh, wir können wieder aufatmen. Spannend!

Nachdem Romy einen großen Haken beim Elefanten in ihrem Buch gemacht hat, fahren wir die Runde im Park fertig. Nach so einem beeindruckenden Highlight, sind die drei Schakale neben dem Auto gar nicht mehr so interessant. Dazu muss ich sagen, dass wir in Namibia schon sehr oft Schakale gesehen haben. Bei unserer Rückkehr erwischen wir die Tiere sogar an unserem Stellplatz beim Ausrauben der Mülleimer!

Es wird schon dunkel und ich fange mit den Vorbereitungen für das Abendessen an. Jeroen und Antoinette kommen zum Essen; Hühnerfilets vom Grill. Wir warten bis die Kohlen glühen und in der Zwischenzeit wandere ich mit Romy noch schnell zum Wasserloch. Dieses Mal keine 400 Zebras, sondern nur 1 ganzes Tier, aber ein Großes: ein Elefant! Auf den Bänken sitzen sicherlich 50 Menschen mucksmäuschenstill. Es ist als ob wir in eine Kirche hinein gekommen sind, da fängt man auch auf einmal zum Flüstern an. Romy hat ihre Fotokamera alias MP3-Player mit K3 Musik noch an und bekommt „Schimpf" von einer Dame, ja wirklich! Der Elefant hat es aber nicht gestört! Zurück beim Zelt müssen wir aufpassen, dass die Erdhörnchen das Brot nicht mitnehmen und die Schakale nicht das Fleisch vom Barbecue stehlen! Es wird ein netter Abend. Ich genieße es, mit Romy alleine unterwegs zu sein und Zeit für sie zu haben, aber ein Gespräch mit Erwachsenen hat auch was. Wir haben gerade fertig gegessen, als es zum Regnen beginnt. Na ja Regen, es tropft. Wir räumen schnell einige Sachen weg, dann hat es auch schon wieder aufgehört. Ich habe Romy versprochen, dass sie heute lange aufbleiben darf, weil wir das beleuchtete Wasserloch beobachten werden. Wir setzen uns dort auf die Bank, im Moment sehen wir keine Tiere. Romy ist ziemlich müde und schläft nach fünf Minuten bei mir am Schoß ein. Nicht mal die drei seltenen Breitmaulnashörner, die etwas später aus dem Gebüsch zum Wasserloch kommen, können sie aufwecken!

Am nächsten Tag starten wir den Gamedrive um halb 7, dieses Mal möchten wir zum westlichen Teil des Nationalparks fahren. Es geht gleich los mit drei Schakalen, aber Löwen stehen auf unserer Wunschliste und wir hoffen die in Leeubron anzutreffen. Wir fahren eine Weile hinter einem Ranger her und stoßen tatsächlich auf einen Löwen, begleitet von einer Löwin. Es schaut so aus, als ob die zwei zum Wasserloch Leeubron unterwegs sind. Also schnell zum Brunnen! Da sitzen noch zwei Löwen-Damen, die die ersten Sonnenstrahlen genießen. Inzwischen fahren wir mit vier Autos um das kleine Wasserloch, welches von sehr hohem Gras umgeben und nicht mal 2x2 Meter groß ist. Es ist schwierig die majestätischen Tiere zu fotografieren, wir müssen etwas drängeln und zu Hause ordentlich photoshoppen. Als wir später auch noch vier Hyänen und einen Sekretärvogel sehen, können wir heute von einem Volltreffer reden!

Zurück zur Campsite frühstücken wir beim Zelt, relaxen beim Auto und am Wasserloch. Dann ist es Zeit weiter zu fahren nach Halali. Auf dem Weg dort hin besuchen wir die Etoshapfanne, wo seit der Regenzeit außergewöhnlich viel Wasser steht. Außer Zebras, Springböcke und Impalas sehen wir unterwegs zwei Giraffen, sonst ist es ruhig im Park. Na ja, wir sind auf dem Weg nach Halali sicherlich an dem einen oder anderen Tier vorbei gefahren, ohne es zu sehen. Der Name des Halali Camps entstammt der Sprache der Jäger und ist das Signal zum Ende der Jagd. Halali ist seit 1967 für den Tourismus eröffnet und bietet alles was du brauchst: Restaurant, kleiner Supermarkt, Tankstelle, Schwimmbad und Kiosk. Es liegt zwischen Namutoni und Okaukuejo und ist zu beiden etwa 70 km entfernt. Unweit von Halali liegt ein Hügel der den Namen Halalikoppie trägt und von dem aus wir wieder Tiere am Moringa-Wasserloch beobachten möchten, aber außer

Eichhörnchen sehen wir dort nichts. Ach ja, wir finden hier die zwei Holländer aus Windhuk wieder.

Faulenzen, Schreiben, Spielen. Das ist es, was am letzten Vormittag im herrlichen Park auf unserem Programm steht. Romy hat sich gleich nach dem Frühstück oben im Zelt versteckt, ich sitze mit dem Computer vor dem Auto in der Sonne. Es ist bemerkenswert, dass die fast volle Campsite - in der Hauptsaison sollte man diese in jeden Fall vorher reservieren - jetzt total leer geworden ist. Alle Gäste sind im Park unterwegs oder zum nächsten Ziel abgereist. Auch wir haben heute noch ein Ziel und bis zur Onguma Campsite sind es noch 85 Kilometer. Mit viel Gemurmel und Geschimpfe hole ich um 13 Uhr Romy aus dem Dachzelt. Sie hat gerade (!) erst mit Spielen angefangen und möchte noch nicht wegfahren. Sorry Mädel, wir müssen jetzt wirklich weiterfahren.

In der Karte des Nationalparks ist vielversprechend eine Rhino und eine Eland Route eingezeichnet. Erst noch für N$ 300 tanken, dann nehmen wir die Rhino Route! Der Pfad ist insgesamt 40 Kilometer lang, sehr schmal und teilweise sehr schlecht befahrbar. Das größte Problem ist, dass die Sträucher, Pflanzen und Bäume daneben fast 2 Meter hoch sind. Wie sollen wir hier „im Tunnel" jemals ein Rhino oder ein Eland (Elch) sehen. Am Anfang der Strecke sehen wir viele Spuren, die Elefanten hinterlassen haben, aber um ehrlich zu sein, ist die Straße hier so schmal, dass ich hier auf gar kein Fall Elefanten sehen will! Und tatsächlich sehen wir 40 Kilometer, lies: eine Stunde lang nichts!

Wir fahren weiter östlich an der Etoshapfanne vorbei. Romy nennt es die Giraffen-Straße, weil wir sicherlich 50 Giraffen neben der Straße gesehen haben. Dann ist es so weit, wir nähern uns dem Lindequist Tor, dem östlichen Ausgang. Plötzlich sehe ich rechts noch einen kurzen Dik-Dik-Trail. Jaaaaa, schreit Romy, sie will ein Dik-Dik sehen. Zuerst fahren wir zum Wasserloch und sehen einige Giraffen und einen Kapgeier. In der Ferne stehen zwei Autos schon eine Weile beim Waldrand, das muss ein „Big-Shot" sein. Auch wir fahren schnell hin und tatsächlich, ein Löwe liegt im Gebüsch neben dem Straßenrand. Wir haben von vielen Tieren gute Fotos machen können, aber manchmal liegen die Tiere einfach so blöd, dass es mit dem besten Willen nicht möglich ist, das Tier ordentlich zu fotografieren. So auch hier bei diesem Herrn mit witziger Punkfrisur. Trotzdem genießen wir den Anblick.

Etwas weiter auf dem Trail stoßen wir auf ein Tier, von dem ich erst glaube, dass es eine Baby-Impala ist. Es ist so klein, so zart, nicht mal 40 Zentimeter hoch und ganz alleine. Ich erkläre Romy noch, dass solche Tiere ohne Mutter oft durch Löwen oder Hyänen gefressen werden. Dann sehen wir noch so ein Tier und etwas später noch welche. Jetzt muss ich erst mal in Romy ihrem Tierbuch nachschauen und tatsächlich, es sind Dik-Diks!!! Ich hatte in Erinnerung, dass die viel größer sind. Wir fahren die Runde fertig und sehen noch weitere Dik-Diks und zwei Löwen.

Beim Ausgang stellt die Dame an der Kassa fest, dass wir für nur 2 x 24 Stunden Eintritt bezahlt haben. Wir hätten heute schon um 11 Uhr aus dem Park sein sollen. Nach diesem erfolgreichen Nachmittag zahle ich den Tagespreis von N$ 90 gerne nach! Als wir die Bilanz ziehen, stelle ich fest, dass Romy 19 verschiedene Wildtiere in ihrem Buch angekreuzt hat. Kein schlechtes Ergebnis oder???

Direkt nach dem Ausgang befindet sich die Einfahrt zur Onguma Campsite. Die zwei Holländer, die wir in Halali getroffen haben, schlafen auch hier, haben aber ein Luxus-Zelt gebucht. Das finde ich eine gute Idee, außerdem freue ich mich auf ein gutes Restaurant, also frage ich bei der Rezeption nach einem Upgrade. Das Zeltlager ist jedoch so exklusiv, Kinder unter 12 Jahre dürfen nicht hinein: aus Sicherheitsgründen, bezogen auf die hier frei herum laufenden Wildtiere, sagt die Dame hinter der Rezeption. Aber Zelten dürfen wir! Sie gibt mir ein Formular. Ich soll diese Einverständniserklärung unterschreiben, dass wir hier auf eigenes Risiko verbleiben. Patrice, das hier ist Afrika, einfach unterschreiben - du musst nicht alles verstehen!!!

Am Impala Stellplatz baue ich das Dachzelt wieder auf und bereite gleich das Essen zu. Das gute Restaurant ist zu weit weg. Wir haben noch Makkaroni mit Thunfisch und Tomatensauce, sogar Romy schmeckt es gut. Jeder Stellplatz hat eine eigene Waschgelegenheit und ich habe mich dort gleich eingesperrt. Die Türe klemmt und Romy muss mich befreien. Glücklicherweise ist die Campsite ziemlich voll, sodass ich sowieso Hilfe bekommen hätte, aber unangenehm wäre es schon. Die Campsite liegt mitten im Wald, direkt neben Etosha, trotzdem gibt es hier keine Mücken, Fliegen und andere Insekten. In der Nacht wird mir klar, warum nicht: viel zu kalt!

Meteorit

Es sind ungefähr 100 Kilometer auf der B1 bis nach Tsumeb, der ersten Stadt wieder auf dem Weg Richtung Süden. Die Straße ist asphaltiert, es gibt keine Kühe, keine Dörfer und praktisch keine Menschen auf und neben der Straße mehr. Dafür um so mehr Autos, die uns überholen und LKWs, die wir überholen. Wir folgen der Stromleitung, wobei fast auf jedem Pfosten ein Vogelnest klebt, manchmal sogar zwei.

Wir lesen immer wieder Notizen, dass Namibia ein wasserarmes Land ist und wir werden gebeten Wasser zu sparen. Für die 20 Riesenpalmen entlang der Einfahrt von Tsumeb ist anscheinend genügend Wasser verfügbar. Der Bürgermeister wird gedacht haben, der erste Eindruck zählt. Und da hat er Recht, wir füllen uns in Tsumeb gleich wohl, ganz anders als zum Beispiel Orte wie Uis oder Opuwo. Laut Reiseführer müssen wir in Tsumeb in die Main Street. Da gibt es eine Bank und das Etosha Café. Wir parken das Auto bei einem Security Parkplatz. Der Security Guide soll auf das Auto aufpassen, während wir Geld beim ATM abheben und einen Cappuccino mit Apfelstrudel im Etosha Café genießen. Das Café wird von einer deutschen Dame geführt. Vorne gibt es einige Souvenirs, hinten einen Biergarten, wo logischerweise eine deutsche Reisegruppe sitzt. Der Kaffee schmeckt gut und es gibt für Romy wieder Apfelsaft pur. Meistens können wir nur Apfelschorle, alias Apfelsaft gespritzt kaufen, aber Romy mag die Sprudel nicht. Das deutsche Imperium hat sich, was Apfelsaft anbelangt, auch ziemlich hartnäckig durchgesetzt.

Beim riesengroßen Interspar an der Ortseinfahrt kaufen wir noch schnell Salat und Fleisch für die letzte Campingmahlzeit heute Abend, dann fahren wir weiter. Ungefähr 6 Kilometer vor Grootfontein biegen wir in die D2359 ein. Hier befindet sich der große Hoba-Meteorit, welchen Romy gerne besuchen möchte. Wir zahlen den Eintritt N$ 15 für mich, Romy darf gratis hinein und das Schild mit dem Text „Aufpassen: fallende Meteoriten" zeigt uns, dass wir auf dem richtigen Weg sind. Laut Experten sollte der Brocken 80.000 Jahre vor unserer Zeitrechnung niedergegangen sein. Auf den ersten Blick schaut es wie ein Stein aus, wenn du aber näher heran kommst, siehst du die „glänzenden" Einschlüsse von Eisen und Nickel. Im kleinen Laden werden zahlreiche Souvenirs verkauft. Wir haben noch nicht viel Gelegenheit gehabt Souvenirs zu kaufen und suchen uns vier bemalte runde Früchte vom Monkey Apple Tree aus.

55 Kilometer Richtung Rundu befindet sich die letzte Campsite des Urlaubs: Roy´s Camp. Roy hat die Campsite sehr liebevoll, jedoch robust und „männlich" geschmückt mit Holz, Eisen und Tierschädeln. Die Waschräume sind sehr nett gestaltet und es gibt sogar eine Buschkitchen, das haben wir noch nicht gesehen. Eine Küche mit Gasherd, Kühlschrank und Abwasch. Das Wasser im Schwimmbad ist zum ersten Mal im

Urlaub relativ warm. Leider schwimmen so viele tote Insekten und Fliegen drinnen, dass wir es lieber lassen. Auch hier sind wir wieder die einzigen Gäste, spät am Abend kommt noch eine Männerpartie dazu. Und wenn wir am Campsite Strom haben, kannst du dir bereits vorstellen wie wir den Nachmittag gestalten: Romy oben im Dachzelt mit Playmobil, ich am Tisch mit dem Computer. Urlaub pur!

Roy´s Camp oder Grootfontein ist auch der Ausgangspunkt für einen Besuch bei den Buschmännern. Ich habe mich bewusst dafür entschieden, diese Menschen nicht zu besuchen. Die Himba waren für Romy so erfolgreich und so lernreich, ein Besuch bei einem anderen Volk würde sie nur verwirren. Bei der nächsten Namibia-Reise lassen wir die Himba aus und werden dann die, sicherlich genau so interessanten, Buschmänner besuchen.

Zum letzten Mal machen wir ein Feuer und grillen das Fleisch. Die Sonne geht langsam unter und es wird gleich kalt. So kalt war es am Abend noch nie, obwohl es erst halb 7 ist. Schnell warme Sachen anziehen und dann ein großes Feuer machen. Irgendwie gelingt es uns heute nicht ein großes Feuer zu machen, wir haben wahnsinnig viel Rauch und keine Flammen. Trotzdem sitzen wir eine Weile beim Feuer und ich blättere mit Romy noch mal das Buch mit den Wildtieren durch: 19 verschiedene Arten! Wir sind zufrieden.

Eine Strafe und eine Belohnung

Es ist kalt, bitterkalt, als ich mit einem schmerzenden Rücken und eiskalten Füßen aufwache. Ich habe in der Nacht noch das vierte Fenster des Zeltes zugemacht, das war bis jetzt immer offen. Ich schätze, dass es draußen nicht mal 10 Grad hat, im Zelt ist es vielleicht 2 Grad wärmer. Wir bleiben noch eine Weile lecker warm unter der Decke liegen. Sobald die Sonne etwas höher am Himmel steht, wird es wärmer und spätestens dann klettern wir aus dem warmen Bett. Wie jeden Morgen folgt das gleiche Ritual, zusammen räumen, Zelt einpacken und frühstücken. Heute aber mit einem weinenden Auge, weil es das letzte Mal ist. Ab jetzt schlafen wir nur noch 2 Nächte in Hotels.

Wir fahren die 55 Kilometer zurück nach Grootfontein, da wird erst mal getankt. Es ist eine große Tankstelle mit Imbiss. Romy möchte ein Eis und ich nehme einen Cappuccino mit. Wir fahren weiter Richtung Otjiwarongo und an der linken Seite erhebt sich der Waterberg – 1.885 m. Dies ist eines der bekanntesten Gebiete Namibias, aus der Buschlandschaft. Der Berg ist ein oben abgeflachter Tafelberg, dessen steile Felswände an den meisten Seiten beinahe senkrecht auf das ihn umgebende flache Land abfallen. Gute 200 bis 400 Meter hoch ragen diese Wände aus der Ebene hervor wie eine Burg. Seinen Namen verdankt der Waterberg dem porösen Gestein, aus dem er besteht, das jedes

Regenwasser aufsaugt wie ein Schwamm. Auch wenn der Berg oben, auf seiner flachen Ebene trocken erscheint, gibt das Gestein das ganze Jahr sein gespeichertes Wasser an einige Quellen ab. Grund dafür ist eine undurchlässige Tonschicht. Dadurch ist es an diesen Stellen besonders grün und vegetationsreich. Hier wachsen Korallenbäume, wilde afrikanische Feigen und Feuerlilien. Teilweise erscheint der Wald geradezu tropisch.

In dieser wunderschönen Umgebung gibt es auch viel Wild. Man findet hier beide afrikanischen Nashörner, sowie Gnus, Säbel- und Pferdeantilopen, oder auch Elandantilopen, für die das Schutzgebiet ursprünglich eingerichtet wurde. Wir lassen den Waterberg links liegen und werden uns den Wanderausflug zum Gipfel für unseren nächsten Namibia Besuch aufbewahren. Heute möchten wir uns schnell in der Lodge einquartieren und den Luxus genießen.

Wir merken, dass wir mehr in Richtung Zivilisation kommen, es fahren viele Autos auf der Asphaltstraße und auch LKWs sind hier zahlreich unterwegs. Ein LKW blinkt mich an. Ich nehme meinen Fuß vom Gas und schaue rechts und links von der Straßenseite. Wieso blinkt er, was hat er für „Big-Shot" gesehen, auf welches Tier will er mich aufmerksam machen? Aaaah, jetzt sehe ich es: ein Bulle. Nein, kein Wildtier: ein Polizist. Ich bin ins Radar gefahren. 112 KMH statt erlaubten 80. Sorry, einen 80-er habe ich hier nicht gesehen. Das kostet N$ 200, Spottbillig! Wenn ich einen Beleg haben will, muss ich nach Grootfontein zurück fahren, das sind jetzt zirka 120 Kilometer, und dort beim Polizeiamt die N$ 200 bezahlen. Ich erkläre dem Polizisten, dass ich nicht zurück fahren will! Dann bekomme ich keinen Beleg. Auch gut. Ich zahle die N$ 200 so und mache noch schnell ein Foto von seinem Beleg, man kann ja nicht wissen.... Inzwischen fährt ein Pick-Up vorbei, wo hinten 8 Männer sitzen und stehen. Anscheinend erlaubt. Ein Pick-up mit einer Abdeckplane, worauf jemand liegt. Auch erlaubt. Ein Auto, wo jemand aus dem Fenster hängt/sitzt. Auch er darf weiterfahren. Patrice, wieder nichts Fragen, this is Africa, einfach deine Strafe zahlen und weiter geht es! Meinen Führerschein hat er übrigens nicht verlangt....

Wir biegen die D2433 ein, jetzt sind es noch 17 Kilometer bis zur Frans Indigo Lodge, eine Oase im afrikanischen Stil. Wir beziehen ein Häuschen, sehr liebevoll eingerichtet, wobei es auf die Details ankommt. Eine Rolle WC-Papier ist zum Beispiel mit einer Schnur eingepackt, in der Schleife stecken zwei kurze Stacheln von einem Stachelschwein, einfach süß!

Die Frans Indigo Lodge ist die Belohnung nach drei wunderschönen Wochen am Campingplatz. Wir genießen hier das herrliche Essen und die große Badewanne. Auf der Farm werden verschiedene Wildtiere gehalten, die wir von einer Aussichtsterrasse bewundern. Wir entdecken Säbelantilopen, Pferdeantilopen und Wasserböcke, die wir vorher noch nicht gesehen haben und Romy kreuzt die Tiere gleich in ihrem Tierbuch an. Die korrigierte Bilanz: 22 verschiedene Arten Wildtiere!

Am Abend genieße ich mit meiner Tochter ein wunderschönes Candlelight Dinner. Romy hat Spaghetti bestellt, ich bekomme das Menü mit Frühlingsrollen, Straußsteak mit Spargeln und ein Dessert. Die absolute Verwöhnung dazu ist ein Glas afrikanischer Weißwein.

Dinosaurierspuren

Es ist 9 Uhr und wir verlassen die herrliche Oase der Frans Indigo Lodge. Ich bin heute mit ziemlichen Bauchschmerzen aufgewacht, das kann nur eines bedeuten: die Regel kündigt sich an. Otjiwarongo ist die erste Stadt, wo wir durchfahren und ich bin auf der Suche nach einem Supermarkt. Auch diese Stadt ist groß, sauber und nett und wir finden einen riesigen Interspar. Schnell noch etwas Geld aus der Mauer holen, dann im Spar die Frauen-Abteilung suchen und Romy braucht Batterien. Wir stehen nach fünf Minuten wieder draußen, dann ist es auch schon zu spät. Romy hat einen McDonalds, oder eigentlich einen Wimpy, entdeckt. Sie will hier unbedingt etwas Essen. Ist gut Mädel, aber ich nehme um diese Uhrzeit einen Kaffee, Okay?!

Auf dem Weg nach Windhuk kommen wir in der Nähe von Kalkfeld bei 200 Millionen Jahre alten Dinosaurierspuren vorbei, die meine kleine Paläontologin unbedingt anschauen will. Die Spuren entstanden, als die Tiere an den Ufern von Seen durch weichen Sand und Schlamm gelaufen sind. Die Ausmaße und die Tiefe der Abdrücke weisen darauf hin, dass die Tiere eine beträchtliche Größe und Gewicht gehabt haben müssen. Da wir wissen, dass das Klima sich stark zum Nachteil der Tiere verändert hat, kann davon ausgegangen werden, dass sie, nachdem sie die Abdrücke hinterlassen haben, kurz darauf ausgestorben sind. In der Regel bedarf es wohl einer kleineren oder größeren Katastrophe, wie der plötzlichen Verschiebung einer Landmasse oder dem Ausbruch eines Vulkans, damit diese sehr vergänglichen Zeugnisse einstiger Fauna mit Sediment zugeschüttet und damit erhalten bleiben können. Darum gibt es ja auch sehr wenige davon. Nach dem das Material versteinerte, ist es irgendwann durch Erosion wieder an den Tag gekommen.

Auf der Farm befinden sich zwei, sich kreuzende Spuren, die insgesamt aus mehr als 30 Abdrücken bestehen. Der längeren Spur können wir für mehr als 28 Meter folgen. Der Abstand zwischen den einzelnen Fußabdrücken beträgt 70 bis 90 Zentimeter. Außerdem gibt es noch eine Spur mit kleineren Abdrücken und einer Schrittlänge von 28 bis 33 Zentimeter. Alle Spuren bestehen aus Abdrücken von einem 3-zehigen Fuß. Ihre Anordnung lässt darauf schließen, dass sie von den Hinterfüßen eines halbwegs aufrecht gehenden Tieres hinterlassen wurden. Bisher wurden keine Knochen von solchen Tieren in dieser Gegend gefunden. Aus Vergleichen mit anderen Fundstellen kann geschlossen werden, dass die großen Spuren von einem Ceratosaurus und die kleinen Spuren von einem Syntarsus stammen.

Wir fahren auf den D2404 weiter zur B1, die Hauptstraße nach Windhuk. Obwohl ich fast 2 Wochen über Schotterwege gefahren bin, brauche ich einige Kilometer um mich wieder an diese außergewöhnlichen Umstände zu gewöhnen. Ich genieße noch mal die Stille und die Leere der namibischen Savanne, die, für diese Region prägenden, charakteristischen Tafelberge und die herum streunenden witzigen Warzenschweine. Sobald wir auf der B1 nach Windhuk einbiegen, sind wir wieder in der Zivilisation. Der Kontrast innerhalb von einem Kilometer ist enorm!!!

Etwa 30 Kilometer vor Okahandja leuchtet die Tankuhr auf. Eigentlich habe ich keine Ahnung, wie viel Liter noch im Tank drinnen sind. Es kann sein, dass er wirklich leer ist. Es kann aber auch sein, dass der Haupttank noch von dem Zusatztank gespeist wird. Ich möchte aber nicht das Risiko eingehen und irgendwo zwischen Okahandja und Windhuk ohne Benzin stehen bleiben. Im Moment hoffe ich, dass ich es überhaupt bis Okahandja schaffe. Natürlich schaffe ich es und dort angekommen, tanke ich um N$ 150 und wir setzen uns auf die Terrasse vom Nachbar-Kaffeehaus für einen wohlverdienten Schinken-Käse-Toast, Apfelsaft und Kaffee.

In Windhuk angekommen fahren wir direkt zum Terminal um das Auto zurück zu bringen. Drei Wochen lang hat der Nissan uns verlässlich und mühelos durch Namibia gelotst, hat er Romy oben im Dachzelt einen sicheren Spielplatz geschaffen und war er unser gemütliches Zuhause. Erstaunlich, wie ein eisernes Ross dir nach drei Wochen so ans Herz wachsen kann. Vielleicht deshalb, weil wir keine Reifenpanne hatten!

Fröhlicher Abschied

Direkt nach dem Frühstück, wir übernachteten wieder in der Pension Steiner, bestellen wir ein Taxi. Wir haben gestern bei den Dinospuren erfahren, dass im geologischen Museum in Windhuk eine Ausstellung über den Fundort zu besichtigen ist. Der Taxifahrer fährt jedoch in die falsche Richtung. Er kennt nur ein Museum in Windhuk, ob das das geologische Museum ist, weiß er nicht. Als ich ihm die Adresse gebe, muss er erst bei einem Kollegen nachfragen. Endlich in der richtigen Straße angekommen, sehen wir nur das Gebäude des Ministeriums „of Science and Mines". Wir fragen kurz nach – ja, es ist wirklich hier – und tatsächlich finden wir im Erdgeschoss eine interessante Ausstellung über Dinosaurier und andere Bodenentdeckungen. Wir schauen uns eine Stunde lang die Ausstellung an und finden sogar Dioptas von Marius ausgestellt.

Zurück in der Pension trinke ich noch einen Kaffee, Romy isst ein Brot mit Marmelade, dann ist es Zeit uns von Namibia zu verabschieden. Wir werden für den Transfer zum Flughafen abgeholt und von zu Hause trennen uns „nur" noch 10.000 Kilometer. Es ist aber kein trauriger Abschied. Namibia, das Land der Gegensätze hat wirklich eine faszinierende Mischung aus unberührter Natur, reizender Tierwelt und vieler farbenfroher Menschen. Wir haben die letzten drei Wochen diese Faszination kennen gelernt und sind von der Schönheit dieses afrikanischen Landes überwältigt. Ich habe Namibia in mein Herz geschlossen und bin mir sicher: ich komme wieder hierher zurück – natürlich gemeinsam mit Romy - auf der Jagd nach Elefantenspuren!

Kudus | Vielfalt beim Wasserloch

Geparde | Wasserloch Okaukuejo

Zebra | Wasserloch mit Elefantenherde

Tierwelt Etosha | spotted Hyäne & Löwe

TRAVELKID Reisebericht

Namibia

Teil 2

Marco und Elise

Vier Jahre habe ich es „ohne" ausgehalten. Dann habe ich dringend Nahrung für meine Sehnsucht gebraucht – Sehnsucht nach Abenteuer, nach ewig weit schauen können, nach hunderte Kilometer geradeaus fahren, nach Elefanten, Zebras, Giraffen und genauso nach freundlichen und immer glücklich ausschauenden afrikanischen Menschen – Sehnsucht nach Namibia.

Die erste Rundreise nach Namibia mit meiner Tochter Romy in 2009 hat uns so gut gefallen, ich habe damals schon gesagt, dass ich irgendwann wieder zurückkommen möchte, aber so schnell.... Das hat teilweise auch einen anderen Grund. Für TRAVELKID bin ich immer auf der Suche nach neuen Destinationen, schöneren Unterkünften, besseren und weniger touristischen Routen. Natürlich kann ich nicht jedes Jahr alle Destinationen abfahren, zusätzlich bin ich auch der Meinung, dass ich besser 6 oder 7 Destinationen gut anbieten kann, als 10 nur so halb halb. Und weil mein Herz für Namibia schlägt, lag es auf der Hand zuerst diese Destination weiter auszuarbeiten. Ob es damit zu tun hat, dass meine Liebe für dieses traumhafte Land spürbar ist, weiß ich nicht. Jedenfalls habe ich dieses Jahr noch nie so viele Buchungen für Namibia gehabt und steht eine Erweiterung des bestehenden Programms absolut an.

Vom Flughafen fahren wir gleich zum Mietwagen-Terminal. Hier treffe ich mich mit meiner Agentur. Elise wartet schon auf uns und die Begrüßung ist herzlich. Ich habe sie zum letzten Mal vor 2 Jahre auf einer Messe in Holland gesehen, sonst ist der Kontakt schließlich via E-Mail. Elise führt mich durch die Werkstatt. Dort hat sich seit unserem letzten Besuch einiges getan, was sicherlich zurückzuführen ist auf die Änderung im Management bzw. Besitz. Elise's Mann Marco hat damals noch meine Reise organisiert – jetzt ist er Besitzer der größten Autovermietungsfirma in Namibia geworden. Eine der wichtigste Änderungen, die Marco durchgeführt hat, ist die Wahl der Fahrzeuge. Ich bin 2009 noch mit einem Nissan gefahren, der letztendlich doch nicht ganz so robust und wegefest war, wie der neue Toyota Hilux. Die Garage ist voll mit diesen Fahrzeugen, die gerade zurückgebracht worden sind oder auf einen neuen Mieter warten. Das erste Fahrzeug ist dreckig ohne Ende, das zweite blitzblank. Auch die Halle für die Übernahme der Fahrzeuge ist blitzblank geputzt. Elise zeigt uns den Terminal, in dem die Autos gewaschen werden, die Bühne auf der die Autos repariert werden, die Tankstelle, usw und … ganz versteckt am Ende vom Parkplatz hinter einem grünen Vorhang – die Totalschaden-Fahrzeuge. „Wie viele Autos aus der Flotte enden so?" frage ich Elise. Ich weiß schon, dass die meisten Unfälle in Namibia mit 4x4 Fahrzeugen passieren wegen überhöhter Geschwindigkeit. „Dieses Jahr waren es schon 10 Fahrzeuge", sagt sie. Mein Mund klappt auf. „Zehn? Und es ist erst Mitte Juli!", sage ich zu Elise. „Ja und die Hauptsaison beginnt erst. Ihr seid also gewarnt!"

Ich übernehme unser Auto mit dem notwendigen Papierkram und Elise erklärt noch kurz unsere Route. Gleich nebenan ist ein kleiner Imbiss mit WIFI, wo wir zwei Toasts bestellen, als Dekor (sprich Gedankenstütze) steht neben unserem Tisch ein „gerolltes" Auto. Eine Dame war mit 104 km/h unterwegs, kam in eine Rille und das Auto überschlug sich. Sie konnte schwer verletzt aussteigen. Manche Stories haben auch ein anderes Ende. Hast du gewusst, dass alle Mietautos mit einer Black Box ausgestattet sind? Bei einer zu hohen Geschwindigkeit steigt jede Versicherung aus. Die Schadenskosten sind übrigens noch vor dem Verlassen des Landes zu entrichten! Mit dem Wissen, dass die Autos € 40.000 kosten, nehme ich mir bewusst vor, die empfohlene Geschwindigkeit auf Schotterstraßen von 60 bis 80 km/h, nicht zu überschreiten.

Nach einer ausführlichen Erklärung über das Fahrzeug, über das Fahren auf Schotterstraßen, wo ich das Werkzeug, das mit an Bord ist, finden kann, übernehme ich das Fahrzeug und fahre damit zur Pension Steiner. Das Hotel wird immer wieder kritisiert, allerdings sind das Frühstücksbuffet und die Lage unschlagbar. In nicht mal 5 Gehminuten bist du mitten in der Stadt. Seit 2013 hat die Pension einen neuen Besitzer und die Zimmermöbel werden der Reihe nach ausgewechselt. Ich finde es ein prima Hotel. Das Auto stelle ich direkt vor der Türe unseres Zimmers ab und packe das Auto mal ordentlich ein, damit wir morgen gleich losstarten können.

Punkt halb sechs werden wir von Marco für ein gemeinsames Abendessen bei Marco und Elise zu Hause abgeholt. Natürlich wird viel gesprochen über Vorfälle, die es so gibt und womit Marco und Elise zu tun haben. Das Eine oder Andere möchte ich hier kurz erwähnen, einerseits weil es doch interessant ist, zu wissen wie manche Sachen in Namibia ablaufen. Anderseits weil es dadurch vielleicht etwas mehr Verständnis gibt. Beim Mietwagen wurden früher Handtücher bereitgestellt. Handtücher, die am Anfang der Saison noch Frottee waren und kaum Wasser aufsaugten, aber in denen am Ende der Saison doch die ersten kleinen Löcher zu sehen waren. Der zuständige Mann für die Handtücher wohnt nicht in so einem schönen Haus wie Marco und Elise, sondern in den Slums. Er kümmert sich bestens um die Wäsche und die Handtücher und legt diese schön gewaschen und gebügelt, jedoch mit kleinem Loch, in die Autos. Für ihn sind diese Handtücher noch jahrelang verwendbar, auch mit Loch, doch manche Europäer reagieren gleich mit: „So ein altes Zeug vermietet ihr?" „Wie soll ich dem Personal klar machen, dass solche Handtücher nicht mehr in Ordnung sind?", fragt Marco. Das gleiche mit einer Bratpfanne. Es ist doch super, wenn du in der Früh ein leckeres Ei braten kannst, oder? Nur, wenn ein kluger „Eier-Brater" in der Woche vor dir mit der Gabel in der Antihaftbeschichteten Pfanne herumsticht, weil es eh nicht seine Pfanne ist, heißt es wieder, dass „altes Zeug" vermietet wird. Und so könnte ich noch stundenlang weiter erzählen.

Wenn man mit Leuten im Servicebereich arbeitet, kommt einem schon einiges unter. Von arrogant bis besonders nett und dankbar für deine Arbeit ist alles dabei. Und wir machen unsere Arbeit mit Liebe. Sehr viel Liebe sogar. Die Schlussfolgerung von sowohl Marco und Elise, als auch mir, nach einem gemütlichen Abend, ist, dass die Kategorie Arroganz gerne woanders buchen darf!

Durchgefroren

Bevor die Reise losgeht, wandern wir noch schnell zur Talstraße, zum Namib Craft Center und schmelzen weg bei all den tollen Souvenirs. Ich könnte hier wirklich den gesamten Laden leer kaufen, von Placemats über Salatbesteck, Karten bis hin zum Weihnachtsschmuck hängt und steht hier alles. Aber teuer ist es auch. Ich bin echt von den hohen Preisen überrascht. Klar geht das Geld zu den Herstellern, die woanders in Namibia leben, aber trotzdem. Erst am Ende unserer Reise habe ich festgestellt, dass die Preise hier die günstigsten aus ganz Namibia waren. Ich habe jedenfalls eine Ahnung was es alles so an Souvenirs gibt und werde unterwegs mal schauen, was ich alles wieder mit nach Zell zurücknehme. Die, die meine Bücher gelesen haben, wissen, dass ich ein wahrer Sammler von Souvenirs bin. Meine Wohnung ist bereits eine große Souvenirausstellung, ich weiß schon gar nicht mehr, wo ich alles hinstellen soll.

Gleich gegenüber der Pension Steiner befindet sich eine Tankstelle mit einer ATM Maschine, auch hier kann ich, wie an vielen anderen Orten in Namibia, maximal N$ 2000 abheben. Danach geht es noch zum Supermarkt, gleich gegenüber vom Mietwagen-Terminal und wir kaufen ordentlich ein. Nicht nur Essen für die nächsten 5 Tage, auch Kohle, Holz und Wasser geht mit. Mit einem gut gefüllten Kühlschrank biegen wir, wie vor 4 Jahren, in die B1 ein und sind gleich auf dem richtigen Weg nach Rehoboth. Für die erste Nacht übernachten wir am gleichen Ort wie damals, nämlich im Lake Oanob Resort. Gleich nebenan gibt es einen kleinen Park und du kannst hier deine erste Safari machen. Auch wir machen, noch bevor wir das Zelt aufstellen, eine Safari und können gleich die erste Giraffe, Kudu, Antilope, Gnu, Zebra und Strauß abhaken.

Die Nacht war kalt! Ich schätze 4 – 7°C und war doch sehr überrascht. Obwohl es Winter ist, denkst du bei Afrika nicht unbedingt an diese Temperaturen. Wir sind allerdings hier auf dem Hochplateau auf einer Höhe von zirka 1600 M Seehöhe. Da ist es im Juli und August einfach etwas kälter. Dieses Mal möchte ich etwas weiter in den Süden fahren, zum Mariental. Die Hardap Region und auch die Kalahari Wüste sollten besonders schön sein. Die Straße ist zwar schön asphaltiert, jedoch elendlang und schnurgerade. Ich halte mich vorbildlich an das Speedlimit. Obwohl teilweise 120 km/h erlaubt sind, bin ich mit 90 km/h auch zufrieden und werde natürlich ständig überholt. Ich bin sehr froh mit meinem Hilux, sitze schön hoch und habe echt ein stabiles und robustes Fahrzeug unter meinem Hintern. Für mich kommt ein anderes Fahrzeug nicht in Frage! Marco hat noch erzählt, wie diese neuen Autos nochmals mit extra Sicherheitsmaßnahmen wie Rollbar und Cowbar ausgestattet sind.

Nach 150 km biegen wir rechts ein, Richtung Hardap. Wir haben inzwischen schon wieder Hunger auf etwas

Leckeres und freuen uns auf ein Picknick am Wasser. Aber ein Schild am linken Straßenrand sagt, dass der Damm „under construction" ist. Leider! Ich drehe um und folge dem Weg Richtung Stampred, weil da unsere Lodge liegt. Inmitten der Kalahari Wüste finden wir die Kalahari Anib Lodge auf Anhieb und checken ein. Ich bin in Namibia immer ohne Navi unterwegs. Das brauchst du hier wirklich nicht. Es gibt sowieso nur eine Straße. Nur in Windhuk war es praktisch, auch in Swakopmund brauchst du nicht wirklich eins. Da gibt es 10 Strassen. Wenn ich falsch fahre, nehme ich die nächste Straße. Halb so wild. Und ich finde, es gehört zum Reisen dazu. Den Weg verlieren. Den Weg suchen.

Das Personal ist total freundlich und wir buchen für den nächsten Nachmittag gleich eine Sundowner Tour. Nicht mal 1 km nach der Lodge befinden sich 3 Stellplätze, jeder sehr großzügig und die Stellplätze liegen weit auseinander. Mitten auf jedem Stellplatz steht ein kleines steinernes Gebäude mit getrenntem WC und Dusche, eine überdachte Terrasse mit Picknicktisch und eigener Waschküche. Alles zur privaten Nutzung. Luxus Pur! Ich steige aus dem Auto und bemerke was für eine kräftige Brise weht. Obwohl wir hier mitten in der Wüste stehen, ist es ziemlich frisch. Das Auto parke ich so, dass das Zelt gleich in der Früh von der aufgehenden Sonne erwärmt wird. Und hinter dem Gebäude liegt, damit es in der Nacht durch den Wind nicht zu stark abkühlt. Wir haben bei der Rezeption um eine extra Decke gefragt. Die Decke ist wirklich notwendig, es kühlt hier in der Nacht echt extrem ab.

Am nächsten Tag haben wir es nicht eilig und bleiben länger im Bett liegen. Die Sonne scheint auf unser Zelt und um 9 Uhr wird es langsam Zeit, auf zu stehen. Um diese Zeit wird es im Zelt schon sehr warm. Typisch Wüstenklima. Am Tag brennheiß, in der Nacht eiskalt. Ich möchte kurz meine E-Mails anschauen. Immerhin trampen viele Familien weltweit umher und sollte ich doch einigermaßen erreichbar sein. Das WIFI geht allerdings nur sehr langsam. Ich habe speziell am Flughafen einen USB-Stick mit einem N$ 2000 Guthaben gekauft. „Das schnellste Internet Namibias" steht hoffnungsfroh auf der Packung. Auf Deutsch heißt das „so lahm wie eine Schnecke". Willkommen in Afrika. Das Laden einer Seite oder Verschicken einer Mail dauert ewig und ich beantworte nur die wichtigsten Mails.

Die Kalahari Wüste ist bekannt für seine knallroten Dünen. Von der Lodge gehen mehrere Wanderwege durch die einzigartige Natur, bestehend aus kargem Boden, kleinen Büschen, Gras, Steinen und Löchern im Boden. Direkt vor uns ist eine Großfamilie Erdmännchen. Wie geübte Jäger schleichen wir uns an die Familie heran, verstecken uns hinter einem Baum und sind doch offensichtlich sehr ungeschickt. Die Erdmännchen sind, noch bevor ich die Kamera richten kann, schon in ihren Bau geflüchtet. Zehn Minuten lauern wir vor dem Loch, aber herauskommen…. Natürlich nicht!

Die Lodge organisiert Sundowners und Punkt halb vier melden wir uns beim Eingang. Sechs Fahrzeuge stehen bereit und gerüstet mit warmer Jacke und Fotokamera steigen wir ein. Ein ausgedehntes Gebiet liegt vor uns und es wundert mich immer wieder, dass in dieser kargen Gegend doch so viele große Tiere leben und überleben können. Natürlich der Springbock. Der ist so robust, trotz seiner Zahnstocherpfoten, der überlebt überall. „Deswegen gibt es auch so viele davon, 20.000 hier und 500.000 in Gesamt-Namibia", erzählt der Führer, als wir die ersten Exemplare gefunden haben. Ich merke, wie „verwöhnt" wir schon sind. Die Springböcke interessieren mich eigentlich nicht so. Außerdem habe ich in Etosha die Gelegenheit die Tiere von sehr nah zu fotografieren. Mit im Fahrzeug ist eine Familie, die zum ersten Mal in Afrika unterwegs ist und zum ersten Mal Springböcke sieht, mit dem Resultat, dass der Führer bei jedem Bock stehen bleibt. Zur Abwechslung sehen wir noch den Oryx, einige Kudus, Kuhantilopen und sogar Elanantilopen. Zwei Stunden später endet die Tour bei einer Sanddüne und genau zum Sonnenuntergang stehen wir oben drauf.

Solche Untergänge, wobei die Sonne und der Himmel sich in allen Rot- und Orangetönen zeigen, gibt es nur in Afrika. Und der Sternenhimmel. Ein Wahnsinn. Hier sind sicherlich 1 Million mehr Sterne als bei uns zu sehen. Stimmt natürlich nicht. Es ist in Europa einfach viel heller und auch den Faktor Verschmutzung sollten wir nicht außer Acht lassen. Die Sonne geht langsam unter und mit dem Verschwinden der Sonne, wird es schnell kalt, bitterkalt. Typisch für die Wüste. Typisch für Namibia in dieser Jahreszeit. Die halbe Stunde zurück zur Lodge ist dann auch die Horrorfahrt. Gott sei Dank brennt das Feuer im Ofen der Lodge und ich setze mich durchgefroren davor. Romy ist nicht so schnell kalt und findet dann auch, dass ich mich anstelle. Um Punkt 7 geht Paulina mit der Trommel durch: „Dinner is ready!" Ich habe gewusst, dass es nach dem Sundowner zu spät sein wird um noch selbst zu kochen und habe deshalb für heute Abend einen Tisch im Restaurant reserviert. Leider ist es im Speisesaal auch nicht wirklich warm. Eine Kellnerin begrüßt die ganze Truppe und kündigt das Menü auf Englisch an. Neben ihr steht eine Köchin. Eine dunkle Dame, ziemlich beleibt und mit ihrer Kochkleidung und vor allem der Kochmütze schaut sie irgendwie ganz lustig und doch entzückend aus. Noch lustiger wird es, als sie das Menü in ihrer Sprache ankündigt. Da wo die Kellnerin für „dann folgt eine Gemüsesuppe mit einer Haube Sahne" kaum 30 Sekunden benötigt, redet die Köchin in einer Klicksprache fast 1 Minute lang. Es klackt und klickt während sie redet und du hast wirklich keine Idee, was sie jetzt gesagt hat. Es hört sich so unglaublich lustig an und auch die Figur der Frau macht es zu einem komischen Akt. Deswegen bekommt sie nach jeder Ansage Beifall! Am meisten Spaß hat sie selber bei der Ansprache. Köstlich! Dann folgt das Dinner, wobei die Gänge rapide nacheinander serviert und wieder abserviert werden.

Die Namibier und Afrikaner im Allgemeinen sind ein musikalisches Volk. Noch aus der Zeit der Sklaven stammt diese Art des Kommunizierens, Rhythmus und Gefühl für Musik haben die Afrikaner im Blut. Bestätigt bekommen wir diese DNA am Ende des Dinners. Die

Kellnerinnen kommen in einer Schlage in das Restaurant hereinmarschiert. Tanzend. Singend. Es ist erstaunlich, wie musikalisch die 8 Kellnerinnen und ihr Gesang auf der Bühne erscheinen. Auch mit dabei die Köchin. Einige Lieder und Tänze werden vorgeführt. Welches Restaurant in Zell am See, oder wo auch immer in Europa, wird dies nachmachen? Keines!! Und ich sage dir eines. Gott sei Dank. Lasse diese Musikalität in der Kalahari Anib Lodge bleiben!

Wir wandern in der Dunkelheit zum Campingplatz zurück. Beleuchtet von den Sternen und unserer Taschenlampe sind wir in 5 Minuten wieder bei unserem Auto. Vor dem Sundowner haben wir alles für die Nacht bereits hergerichtet. Romy klettert ins Dachzelt hinein, während ich noch schnell die Zähne putze. Dann ... ein Schrei. Kreidebleich eilt Romy wieder aus dem Zelt heraus, die Leiter herunter. „Was ist los?" frage ich etwas verärgert. Ich kenne meine Tochter, da wird sich wohl eine Mücke oder Fliege ins Zelt verirrt haben. „Eine tote Fledermaus liegt in meinem Bett", sagt sie und ich sehe wirklich Panik in ihren Augen. Ich klettere die Leiter hoch, denke noch, dass es etwas anderes sein wird. Was genau kann ich auch nicht sagen, aber oben angekommen, sehe ich, dass sie recht gehabt hat. Naja, nicht ganz – tot ist sie nämlich nicht. Sie bewegt sich noch ein wenig. Keine Ahnung, wie die Bulldog-Fledermaus hier hereingekommen ist! Aber jetzt muss sie raus! Mit einer Pfanne und einem Deckel fange ich den kleinen Vampir und bringe ihn raus. Ich denke, dass Romy schon drauf getreten ist, denn sie ist echt nicht mehr ganz in

Ordnung. Ich schaue das Zelt noch einige Male durch, nicht dass da noch etwas drinnen ist, aber echt gut schlafen tue ich diese Nacht nicht....

Bergzebras

Am nächsten Morgen tanke ich das Auto in Mariental wieder voll. Nicht dass der Tank schon leer ist, aber ob die nächste Tankstelle Sprit hat, ist in Namibia immer fraglich. Obwohl ich schon denke, dass die Tankstelle in Sesriem gefüllt sein wird. Gleich gegenüber befindet sich der Spar. Auch hier steht eine ATM Maschine, so wie du diese Geldautomaten in Namibia oft antriffst. Es sind nur kleine Mengen abzuheben, aber dass die Maschine meine N$ 1.500 in nur N$ 50 Scheinen ausspuckt, besorgt mir einen Lachkrampf. Ich muss sogar die Geldscheine nach und nach aus der Auswurflade holen, sonst bleibt das Geld noch stecken. So witzig!

Mit einer nachgefüllten Brieftasche geht die Fahrt Richtung Westen, die Naukluft Region ist das Ziel für heute. Zuerst 110 km Asphaltstraße nach Maltahöhe, dann 110 km über Schotterstraße. Egal ob Teer oder Steine, beide Strecken verlaufen wieder schnurgerade! 50 Kilometer geradeaus, eine kleine Kurve und wieder 50 Kilometer geradeaus. Unfassbar! I´m loving it. Rechts und links der Straße die trockene Steppe mit kleinen Büschen und einem Zaun. Ab und zu eine Herde Kühe oder Ziegen, seltener ein Strauß, Paviane oder Warzenschweine, die sich entlang der Straße aufhalten. Die Schweine sind immer so witzig. Sobald sie wegrennen, steht der Schwanz gerade hoch, wie eine Antenne, die kleinen kurzen Pfoten sausen in einem

Schnelltrab voran. Dann sehen wir auch eine große Herde Kudus. Direkt neben dem Zaun schaut uns ein Männchen bedächtig an. Noch bevor ich bremsen kann, stillstehe und zurückfahre sind sie schon längst im Gebüsch verschwunden. Keine Chance auf ein Foto!

Direkt nach Maltahöhe biege ich rechts die C14 hinein. Ab hier fangen die Schotterstraßen an und werde ich erst in 3 Wochen wieder Asphalt sehen. Ich senke den Reifendruck von 220 auf 180 Bar und schalte in den 4x4 Modus. Und maximal 80 km/h! So cruisen wir dahin, bremsen manchmal für Paviane, Kudus und noch mehr Kudus. Bis vor mir das Naukluft Gebirge aufragt. Hier werden wir morgen eine Wanderung unternehmen.

Büllsport – Eine familiär geführte Gästefarm mit integriertem Landwirtschaftsbetrieb ist das heutige Ziel. Die Familie Sauber ist stets darum bemüht nicht nur das Naukluft Gebiet zu schützen, sondern auch lange Trockenperioden zu nutzen. Die Nutztierpopulation wird je nach Nahrungsangebot angepasst und die Wildtierpopulation auf einem konstanten Level gehalten. Dieser Ansatz führte zu einem Wachstum der Pflanzen, Wild- und Vogelarten. Büllsport hat eine der wenigen im Land registrierten Pferdezuchten mit durchschnittlich 35 Pferden dauerhaft auf dem Farmgelände. Die Schönheit der Naukluftberge kann man hier erleben, indem man eine Reittour macht. Wir möchten das Gebiet lieber zu Fuß entdecken. Eine Aktivität, gleichzeitig auch ein Stück Philosophie, in einer Zeit, welche zunehmend von künstlicher Unterhaltung geprägt ist. Der Campingplatz liegt etwa 3 km vom Gästehaus entfernt, direkt am Fuße des Büllkopfs, einem kegelförmigen einzeln stehenden Berg, welcher den einzigen ebenen Durchgang durch die Naukluft markiert. Wie der Name Büllsport, oder Bull Port, Bullen-Tor schon sagt, wird dieser Durchgang genutzt um das Vieh von einer Seite des Naukluft Gebirges zur anderen zu bringen. Martin zeigt uns den Weg zum Campingplatz und fährt mit seinem Quad vor, wir hätten den Campingplatz sonst nie gefunden. Der Platz liegt auf einem Plateau, mit Aussicht über die fantastischen Berge und das Tal. Ich genieße die Aussicht und schreibe noch etwas ins Tagebuch, während die letzten Sonnenstrahlen mich noch etwas wärmen. Gegen 17 Uhr, noch bevor die Sonne ganz untergeht, bereite ich das Abendessen zu. Salat, Brot mit Kräuterbutter, Hühnerspieß mit Paprika, mmmhh. Sobald die Sonne untergeht, kommt allerdings auch wieder der Wind. So sitzen wir mit der Jacke am Tisch und ärgere ich mich über die Kälte. Nach dem Abendessen macht Romy ein großes Lagerfeuer und ich überlege, was die Nacht uns bringen wird. In Mariental haben wir eine warme Decke ausborgen können. Hier bei Büllsport können wir leider keine ausleihen und ich habe beim Spar vergessen um eine zu schauen. So eine Quälerei mit der Kälte! Ich schaue auf die Uhr, es ist erst halb sechs und ich bin jetzt schon durchgefroren. Bis es wieder einigermaßen warm wird ist es neun Uhr morgen früh – eine ewige Zeit. „Komm Romy, wir gehen", sage ich 2 Minuten später ganz spontan. Sie hätte die Kälte wohl noch eine Nacht mitgemacht, aber meine Entscheidung steht und sie ist voll dabei. In den letzten Minuten des Tageslichts packen wir im Rekordtempo alles ein und melden uns 10 Minuten später bei der Rezeption für ein tolles und warmes Zimmer. Während der Gasherd das Zimmer erwärmt, springe ich unter die warme Dusche. Langsam verschwindet die Kälte aus meinen Knochen. Jetzt noch ein Glas feiner afrikanischer Rosé und ein nettes Buch. So liebe ich Namibia!

Das Restaurant der Gästefarm hat Wifi. Schnell schicke ich noch einige E-Mails und mit einem Rucksack voller Leckereien, der Fotokamera und einer warmen Jacke starten wir die Wanderung – den Zebra Wanderweg. Bei der Rezeption liegen Beschreibungen zahlreicher Wanderwege auf. So hätten wir eine 3,5 stündige Wanderung durch die Kocherbaumschlucht machen können, aber auf die frühe Startzeit und die fast 2 Stunden Anfahrt durch das Gebirge habe ich keine Lust gehabt. Die Wanderung rund um den Bullenkopf kommt auch nicht in Frage, weil ich den Bullen gestern vom Camp aus schon gesehen habe. Außerdem haben wir Lust auf Zebras. Gleich gegenüber der Farm geht die Wanderung los. Ich öffne das Tor, gehe an zwei großen Wassertanks vorbei und stoße auf ein Schild das den Zebraweg ausweist. Gemütlich wandern wir über einen kleinen Bergrücken, der Weg ist gut markiert, trotzdem habe ich meine Augen und Ohren weit offen. Hinter jedem Stein erwarte ich eine Schlage, die sich hier in diesem Gelände sicherlich sehr wohl fühlen werden. Rechts das Naukluft Gebirge, links die leere Ebene der Namib Wüste so weit das Auge reicht. Am Horizont eine

Staubfahne. Auf der Straße, die wir gestern auch gefahren sind, nähert sich ein Auto, du siehst es schon von der Weite kommen. Der Weg führt uns durch ein trockenes Flussbett. Hier sollten wir die beste Chance haben um einen genaueren Blick auf die Zebrapopulation zu werfen. Leider erfolglos. Nach 1,5 Stunden erreichen wir am Kehrpunkt das Wasserbassin mit Windrad. Eine Akazie bietet Schatten und wir machen eine Pause. Es ist inzwischen herrlich warm geworden. Irgendwo muss sich ein sogenannter Leopardenposten befinden. Im Gebüsch sollte eine selbstauslösende Kamera versteckt sein. Ein neues Projekt der Farm ist die Zebrazählung, an welcher du übrigens auch selbst teilnehmen kannst. Du kannst dir von Familie Sauber erklären lassen, wo die Kamera genau steht und was zu tun ist. Meistens besteht die Aufgabe darin zu schauen, ob die Kamera nicht von den Pavianen zerstört wurde oder die Speicherkarte oder die Batterie zu wechseln ist.

Beim Wasserbassin ist ein Kommen und Gehen zahlreicher Vögel. Bokmakieries, Pfefferfresser, Romy entdeckt sogar eine Papageienart. Schnell sucht sie in ihrem Tierbuch um welche Art es sich handelt – Lovebirds. Kurz vor der Pause haben wir in der Ferne drei Kuduweibchen entdeckt. Jetzt auf der breiten Farmstraße, zurück Richtung Lodge, entdecken wir den Rest. Eine Truppe von sicherlich 12 Weibchen, das Männchen suchen wir vergeblich. Auch Perlhühner kreuzen unseren Weg. Romy hat auf dem Pfad bereits 5 große Federn dieser Tiere gefunden. Es sind schwarze Federn mit weißen Punkten. Dass diese Tiere sich hier irgendwo aufhalten, haben wir also schon gewusst, aber nicht dass wir sie auch wirklich sehen. Sonst ist es ruhig am Berg, außer einzelnen Kühen und Pferden, die Bergzebras bleiben verschollen und wir kommen ca. 3,5 Stunden später wieder zur Lodge zurück.

Das Abendessen auf Büllsport ist etwas Besonderes. Nicht das Essen selbst, obwohl die Farm für das gute Essen bekannt ist und es auch wunderbar schmeckt. Nein, im Restaurant gibt es nur einen großen Tisch für 18 Personen und noch einen für Gruppen von 10 Personen, im Wohnzimmer nebenan. Johanna und Ernst Sauber, sowie das Personal setzen sich an den gleichen Tisch dazu. Ein alter Bauern-Brauch, so mit der gesamten Familie an einem Tisch. Und Martin, der Quadfahrer, ist auch dabei. Er züchtet Pferde und ist gleichzeitig der Schmied. Morgen dürfen wir mit ihm zu den Pferden mitkommen.

Auf dem Pferderücken

Nach dem Frühstück warten wir auf Martin. Romy darf inzwischen helfen Ultima zu striegeln. Die Pferde stehen auf Sand in großen Boxen, das Wasser in der Tränke ist gefroren. Es hat in der Nacht also Minusgrade gegeben. Und ordentlich auch, weil die Eisschollen sicherlich 3 mm dick sind. Vögel fliegen auf, eine leichte Brise weht und wirbelt den trockenen Sand auf. Nach einer Stunde ist Ultima blitzblank und haben wir keine Lust noch länger auf Martin zu waren. Wir verabschieden uns bei den Saubers. Heute haben wir nur 75 km zu fahren.

Die D854 führt am Naukluft Gebirge entlang. Am Horizont schimmert eine Fahne von Staub, die Aussicht ist ziemlich trüb. Der Tafelberg rechts neben uns hat horizontale Rillen und verschiedenfarbigen Sand. Links eine Ebene, eine karge Landschaft mit kleinen Büschen, Sträuchern und Steinen. Rechts und links begleitet uns ein Zaun, ganz selten dazwischen ein Tor, das zu einer Farm führt. Der Weg ist ein D-Weg, eine Kategorie schlechter als die C-Wege. Bemerkbar macht sich dies in der obersten Straßenschicht. Die ist holpriger als die, die wir bisher gefahren sind. Dazu müssen wir zahlreiche Flussbette queren. Wenn es hier regnet, kommt das Wasser quasi ungebremst vom Naukluft herunter. Ungebremst, weil der Boden so steinhart und trocken ist. Der saugt keinen Tropfen Wasser auf und so kann es passieren, dass ein Bachbett innerhalb kürzester Zeit zu einem reißenden Fluss wird und alles auf seinem Weg mitnimmt. Die Flussbette sind eine Sammelstelle von Steinen. Diese Flüsse queren sozusagen die Straße und wir fahren ständig auf und ab. In manchen Flussbetten steht noch Wasser und die Bäume, Sträucher und Gräser entlang des Flusses sind wesentlich grüner als der Rest der Landschaft. Ein interessanter Kontrast!

Plötzlich steht eine Herde Bergzebras direkt neben der Straße. Gestern haben andere Touristen die seltenen Bergzebras während ihrer Tour zur Köcherbaumschlucht schon gesehen und habe ich mich mit Kudus begnügen müssen. Und jetzt steht eine große Herde direkt neben uns. Es sind sicherlich 20 Tiere und die brauneren Streifen sind sehr gut ersichtlich. Neugierig schauen sie uns zu, ab und zu trabt eines etwas weg, dreht sich jedoch wieder um und schaut ob wir keine Bedrohung sind. Die anderen grasen einfach weiter, ein Männchen galoppiert nervös hin und her, wahrscheinlich der „Boss" und zwei jüngere Männchen lernen auf spielerische Art das Kämpfen. Ein Babyzebra nutzt die Gelegenheit und trinkt sich bei ihrer Mutter das Bäuchlein voll. Ein traumhafter Anblick!

Die Desert Homestead Lodge ist die nächste Adresse. In der flachen Ebene stehen 20 kleine Häuschen nebeneinander gereiht, mit einem Strohdach oben drauf. Die Einrichtung ganz einfach, typisch afrikanisch mit viel Holz. Die Kleiderbügel sind aus Holz, der Kleiderkasten besteht aus zwei Mauern mit Holzbrettern dazwischen. Alles in weiß und braun, die Handtücher noch so flauschig neu, dass du dich damit gar nicht abtrocknen kannst. Das Badezimmer befindet sich hinter der Trennwand und ist einfach eingerichtet. Die Dekoration besteht aus ganz einfachem trockenem Schwemmholz. Und genau deshalb liebe ich Afrika so sehr. Die Menschen wissen wie sie aus „Nichts" doch etwas machen können. Aus Kronenkorken der Colaflaschen, aus Dosen, Straußeneierschalen oder Nüssen werden oft die schönsten Sachen gemacht.

Martin, der Schmied von Büllsport, hat uns empfohlen hier reiten zu gehen und genau das haben wir heute vor. Ich bin schon mehrfach gewarnt worden, dass die Pferde hier in Namibia wilder sind als wo anders auf der Welt. Auch Elise von meiner Agentur erlebt immer wieder, wie sich ihre Gäste während einer Reittour verletzen. Etwas auf sich selbst aufpassen sollte man also schon. So bestelle ich zwei Pferde direkt nach dem Mittagessen. Ein Owambo Mann stellt sich vor. „Paulo is my name. How are you?" Daisy sollte das zahmste Pferd im Stall sein und die richtige Lady für Romy. Die Tochter von Daisy heißt Dafidoll und wird meine Freundin. Und tatsächlich sind beide Mädels ganz brav. Sicherheitshalber bekommt Romy noch eine Reiterkappe aufgesetzt und nimmt Paulo sie an der Leine. Es bleiben Tiere und ich habe keine Lust auf Unfälle! Ganz gemütlich verlassen wir das Gelände. Der Wind hat sich gelegt, es ist herrlich warm in der Sandwüste. Daisy schnaubt vor sich hin, es fühlt sich wieder vertraut an, so oben auf dem Pferd. Herrlich! In meiner Jugend bin ich viel geritten, seit ich in Österreich wohne, habe ich damit aufgehört. Ich vermisse es auch nicht wirklich, aber so manchmal freut es mich einfach wieder ein Pferd unter meinem Hintern zu haben. Romy reitet auch, allerdings in einer abgeschwächten Form. Sie fühlt sich wohl auf Daisy und kann sich gut entspannen. Eichhörnchen springen nicht einmal weg. Kopfstandkäfer genießen das Essen in Form frischer Pferdeäpfel. Eine Stunde später bringen wir die Pferde zufrieden wieder zum Stall. Im Auto liegen noch vier kleine Äpfel, die schneide ich in Viertel und verfüttere sie an die Pferde. Dem Knecht gebe ich auch ein Stück und er genießt sichtlich das frische Obst.

Wir treffen eine holländische Familie wieder, die wir in der Kalahari Wüste oben auf der Düne beim Sonnenuntergang kennengelernt haben. Wieder eine Familie, die die Reisedistanzen in Namibia unterschätzt hat. Nach der Kalahari haben wir 2 Nächte in Büllsport verbracht. Sie sind stattdessen gute 600 km in den Süden gefahren und haben eigentlich nicht viel gemacht, oder nur halb, weil die Zeit einfach zu knapp war. Geschichten, die ich noch öfters höre und wovor ich nicht oft genug warnen kann.

Ich sitze vor dem Zimmer und schreibe unsere Erlebnisse ins Tagebuch. Langsam geht die Sonne unter, vor uns steht genau ein Hügel und die Aussicht auf den Sonnenuntergang ist dadurch leider unterbrochen. Einige Gäste klettern den Hügel hoch. Ich bin jedoch so mit dem Schreiben beschäftigt, dass ich es erst gar nicht bemerke. Erst als die Sonne hinter dem Berg verschwindet und der Wind sich gelegt hat, bemerke ich es. Ich sitze immer noch draußen vor dem Zimmer in T-Shirt und kurzer

Hose. Es ist warm! Ja, richtig warm! So ein Unterschied zu den ersten fünf Tagen!

Punkt 9 Uhr steigen wir am nächsten Morgen wieder auf Daisy und Dafidoll. Paulo begleitet uns mit seinem Pferd. Der Weg führt jetzt etwas näher zum Berg, geschützt vor dem Wind. Obwohl ich für nur eine Stunde reserviert habe, hat Paulo eine größere Runde vor. Es hat sich herumgesprochen, dass ich Reiseveranstalter bin und er möchte mir die Möglichkeiten, die der Reitstall seinen Gästen bietet, zeigen. An einem geschützten Platz ganz nah an dem Fels gibt es für Romantiker die Möglichkeit ein romantisches Abendessen servieren zu lassen. Dabei wird eine kleine Küche hergerichtet, die Tische mit Leinen und Kerzen dekoriert und bei mehreren Romantikern wird sogar eine kleine Bar eingerichtet. Etwas weniger romantisch dann die Toilette, die sich ums Eck hinter einem Stein befindet. Paulo führt uns zu einer anderen Stelle in der Nähe vom Flussbett. Wenn du ein Champagner-Frühstück bestellst, wirst du hier bedient. Die Pferde werden in der Zwischenzeit angebunden und dürfen geduldig warten, bis Speck, Eier, Orangensaft, Joghurt, Obst und eben Champagner aufgegessen und getrunken sind. Dafidoll wird etwas unruhig. Obwohl es nur ein Kudu ist, der hier herumläuft, würde ich meinen, dass sie einen Leoparden bemerkt hat, denn die befinden sich auch in diesem Gebiet, so regt sie sich auf. Speziell vor dieser Reise habe ich einen kleinen Drucker gekauft. So ein Fotoprinter, womit du via einer App die Fotos vom Handy via Bluetooth hinüber schickst und ausdrucken kannst. Während der Tour habe ich ein Foto von

Paulo gemacht und überrasche ihn mit dem Foto. Das gesamte Personal ist von der Magie begeistert und Paulo glänzt. Ich glaube nicht, dass er ein Foto von sich selbst hat, schon gar nicht von seinem Pferd. Genau deswegen habe ich eben den Printer gekauft. Kleine Mühe und für die Menschen eine Riesenfreude. Ich bin mir sicher, dass er sich über sein Foto mehr gefreut hat, als über das Trinkgeld.

Sanddünen

Die Fahrt geht weiter nach Sesriem und schon einige Kilometer zuvor, sehe ich sie vor mir liegen. Die Tankstelle, kurz vor dem Eingang zur Sossus Vlei. Vor 4 Jahren habe ich hier einen superleckeren Cappuccino getrunken und ich freue mich jetzt auch schon darauf. Vom Desert Homestead sind es nur 30 Minuten hierher. Für manche vielleicht ein sinnloses Siedeln aber heute übernachten wir auf der Sesriem Campsite. Nur vom NWR Camping oder von der Sossus Dune Lodge darfst du eine Stunde früher in den Nationalpark hinein fahren. Es hat noch einen Grund gehabt, warum ich eine Nacht im Desert Homestead verbringen wollte. Als Reiseveranstalter bist du nämlich verantwortlich für jeden losen Stein auf dem Hotelgelände. Wenn du etwas anbietest, haftest du dafür. Das ist schon in Ordnung, aber ab und zu frage ich mich, wo die Eigenverantwortung der Menschen geblieben ist. Aber gut, wenn eine Familie in diesem Gebiet eine Lodge bucht, bucht Elise die Desert Homestead Lodge für mich. Und damit ich zumindest eine Ahnung habe, wo ich meine Gäste hinschicke, habe ich hier die Übernachtung geplant und festgestellt, dass es jede Menge lose Steine gibt. Aufpassen also!

Der Cappuccino schmeckt wieder hervorragend und der Apfelkuchen dazu macht es zu einem perfekten Aufenthalt. Neben uns sitzt eine holländische Familie und wir kommen ins Gespräch. Wieder die Geschichte von zu vielen Kilometern und zu wenig Zeit. Der Sohn liest ein afrikanisches Buch über Säugetiere. Ich bin für Romy schon länger auf der Suche nach einem Buch in dem afrikanische Tiere aufgelistet sind. Im kleinen Heft, welches wir von Elise bekommen haben, stehen doch nicht alle Tiere. Romy findet im kleinen Supermarkt der Tankstelle allerdings das gleiche Buch und in deutscher Sprache! Für N$ 170 nehmen wir es mit. Wir verabschieden uns von der niederländischen Familie, sie fahren zum Desert Homestead und werden Paulo und Co schöne Grüße ausrichten.

Beim Eingang vom Nationalpark Sossus Vlei melden wir uns an und zahlen gleich die Gebühr für den Eintritt. Campsite 17 gehört uns, nur fahren wir nicht gleich hin. Romy darf auswählen: Canyon oder Düne und entscheidet sich für das letztere. 500 Meter nach dem Eingang geht eine Straße nach rechts und 4 km weiter liegt die Elim Düne, weniger bekannt, aber wenn du einen Sonnenuntergang in der Nähe vom Campsite sehen willst, der Punkt zum Hinfahren. Wir sind noch weit weg vom Sonnenuntergang, es ist erst zwei Uhr, auch nicht wirklich eine Zeit zum Fotografieren. Jetzt steht das Erlebnis im Vordergrund. Die Elim Düne ist nicht so hoch wie die Düne 45, aber zu unterschätzen ist sie auch nicht. Mehrere Pfade führen die Dünen hoch. Gesellschaft haben wir von dem lustigen Kopfstandkäfer, kleinen Ameisen, die jedoch ein bedrohliches Kreuz am Rücken haben und eine weiße Spinne. Ganz schnell rennen die Spinnen die Dünen auf und ab, getragen von den kleinen Pfötchen. Zum Fotografieren habe ich keine Chance. Zu schnell. Bessere Chancen habe ich mit dem Gecko, der sich bewegungslos auf dem heißen Sand hingelegt hat. Erstaunlich, was alles so in der staubtrockenen Sandkiste lebt. Wir klettern die Dünen weiter hoch. Hinter jedem Gipfel versteckt sich ein neuer Gipfel. Im Sand stehen Grasbüschel, die Halme wehen im Wind stetig hin und her. Faszinierend, wie sich die Natur an die trockenen Umstände angepasst hat. Genauso unglaublich, wie schnell wir uns vom Auto entfernt haben. Es ist kein Problem es wiederzufinden, aber ich kann mir gut vorstellen, wie schnell du dich in den Dünen verirren kannst.

Wie bereits gesagt, gehört Camp 17 uns und richten es für den Abend ein. Für Romy habe ich noch Würstchen und Reis. Ich freue mich mehr auf einen Thunfischsalat. Wir machen danach das Auto fertig für das nächtliche Wegfahren und wandern noch kurz zum Restaurant, in dem ich ins Tagebuch schreibe und Romy ein Buch liest. Auch hier sitzen wir zwar überdacht, aber quasi draußen und nur mit einer Weste. Ab jetzt kann es nur noch wärmer werden und ich freue mich schon richtig darauf, wieder im Zelt zu schlafen.

In der Nacht flattert das Zeltdach immer lauter, das Auto wackelt bei jeder Böe und der Wind pfeift jetzt so richtig ums Zelt. Schlafen kann ich bei dem Lärm nicht mehr. Stattdessen spielt sich in meinem Kopf ein Szenario ab, in welchem Romy und ich noch oben auf dem Autodach liegen und das Zelt bereits davon geflogen ist. Ich ziehe mich an und möchte schauen wie stark es wirklich weht, denn inzwischen schaukelt das Zelt bei jeder Böe echt ordentlich hin und her. Ich klettere die Leiter hinunter. Eigentlich hatte ich bei dem Lärm mehr Wind erwartet, 40 kmh werden es schon sein. Romy ist inzwischen auch aufgewacht. Ich schaue auf die Uhr – 1.32 Uhr. Für die Fahrt zu den Dünen dürfen wir erst um 5.25 Uhr in den Park hinein. Der Wecker steht auf 5 Uhr, bis dahin kann es noch eine lange Nacht werden. Im Mondscheinlicht sehe ich wie bei der nächsten Böe ein kleiner Sandsturm aufwirbelt, gefolgt von einem Knall. Eine Zeltstange fliegt davon. Ich überlege nicht mehr lange und starte mit Plan B. Das heißt, wir schlafen im Auto weiter. Ich bringe alle Sachen aus unserem Zelt ins Auto. Romy legt sich auf die Rücksitzbank und ich baue im Rekordtempo das Zelt ab. Egal ob jetzt oder um 5 Uhr, das Zelt muss ich sowieso zusammenpacken. Danach mache ich es mir auf dem Beifahrersitz bequem und schlafe wie eine Rose. Toyota Business Class sozusagen!

Ein Licht blendet mir ins Gesicht und davon wache ich auf. Das erste Fahrzeug ist bereits zu den Dünen unterwegs. 05.12 Uhr. Passt genau. Ich habe in der Nacht alles bereits eingepackt, ich brauche nur noch das Auto zu starten und loszufahren. Den Overlanders hinterher. Obwohl nur 60 km/h erlaubt sind, fahre ich 90 km/h und verliere trotzdem den Anschluss mit den Overlanders. Es ist doch eine ziemliche Strecke, die du zurücklegen musst. Bis zur Dead Vlei sind es 60 KM, die Düne 45 kennen wir schon und lasse ich links liegen.

Das letzte Stück zum Parkplatz der Dead Vlei darfst du nur mit einem 4x4 Fahrzeug zurück legen. Ich weiß jetzt, wie viele Autos auf dieser Strecke unterwegs sind. Irgendjemand wird mich da wohl rausholen, wenn ich stecken bleibe. Trotzdem habe ich viel Respekt vor der Strecke. Vor allem, weil der Sand jetzt viel tiefer ist, als 2009.

Ich möchte hier keine Geschichte wiederholen. Wie es zur Dead Vlei geht und was du dort sehen kannst, findest du im Reisebericht von der ersten Reise oder in meinem Reiseblog unter http://blog.travelkid.at.

Nach der Dead Vlei fahren wir die Strecke bis Solitaire weiter. So entschärfe ich die Strecke vom nächsten Tag, weil die einfach sinnlos weit ist. Als ich bei Weltevrede Guestcamp auf den gleichen Stellplatz wie vor 4 Jahren fahre, fällt es mir gleich auf. Wo ist das Loch geblieben? Da war damals ein kleines Loch vor dem Stellplatz, wo die Erdmännchen zu Hause waren. Überflutet, sagt der Hausherr. Ich sehe auch, dass der Küchenbereich „modernisiert" ist und ich nicht zuerst ein Feuer machen muss, damit wir in der Dusche warmes Wasser haben. Da tut sich was in Solitaire.

Am späteren Abend bekommen wir Nachbarn. Larissa und Ines sind für 2 Tage hierher gefahren. Beide Damen sind Deutsche und haben jeweils 2 Kinder mit dabei. Larissa wohnt in Schottland, Ines in Namibia. Kennen tun sich die beiden noch aus Deutschland. Ines ist Anästhesistin und arbeitet im Krankenhaus in Windhuk.

Larissa ist für einen kurzen Besuch nach Namibia gekommen. Gemeinsam machen wir es uns beim Lagerfeuer bequem, die Kinder gehen Stöcke suchen um Marshmellows über dem Feuer zu wärmen. Ein netter Abend!

Zebrawanderweg Büllsport | Elim Dune Sesriem

Schotterpiste Swakopmund | Living Museum Damara

Grootberg Lodge | Bogen basteln bei den Buschmännern

Kambaku Safari Lodge | Waterberg Wilderness Camp

Zivilisation

Der Weg nach Swakopmund dauert wieder lange. Vor allem, weil der Zustand der Straße jetzt viel schlechter ist, wie 2009. Es gibt über die Strecke nicht mehr zu erzählen, als ich im ersten Bericht geschrieben habe. Wir springen also gleich nach Swakopmund.

Das letzte Mal haben wir in der Seabreeze Pension übernachtet. Ich war davon überzeugt, dass wir jetzt wieder dort stationiert sind, nur die Reiseunterlagen sagen etwas anderes. Gut, dass ich nochmals wegen der Wegbeschreibung hineingeschaut habe. Wir sind im Central Guesthouse, wenige Gehminuten vom Zentrum entfernt, untergebracht und bekommen das Familienzimmer mit 2 Räumen und 4 Betten für uns alleine. Das Zimmer ist für eine Familie echt bestens geeignet. Es hat ein bisschen eine Beach House Atmosphäre. Jetzt wo wir so nah am Strand sind, auch passend. Und wir haben eine Badewanne!!!

Gefreut habe ich mich auf ein Abendessen bei der Kupferpfanne. Leider gibt es die nicht mehr. Stattdessen besuchen wir Kucki`s Seafood & Grill Restaurant. Am nächsten Tag ist Sonntag, trotzdem haben viele Geschäfte geöffnet. Der Souvenirmarkt von Swakopmund sollte empfehlenswert sein und weil wir noch überhaupt keine Geschenke und Souvenirs gekauft haben, der perfekte Ort diesen Morgen mal zu schauen. Da wo es in Thailand, Costa Rica oder China praktisch an jeder Straßenecke einen Souvenirladen gibt, ist Namibia genau so rar ausgestattet wie mit der Anzahl der Menschen. Der Markt ist neulich gesiedelt und befindet sich jetzt direkt neben dem Tennisplatz in Strandnähe. Der Platz ist schön hergerichtet. Die Standplätze sind markiert und mit einer Nummer versehen. Auf jedem Stellplatz gibt es einen kleinen Schuppen, in dem die Souvenirs gelagert werden können. Lästig ist nur, dass jeder dich anquatscht. Viele Marktstände verkaufen die gleichen Souvenirs, jeder erzählt, dass er oder sie es selbst gefertigt hat. Glauben tue ich es natürlich nicht. Bei einem Mann möchte ich Engel, aus Stahldraht und Perlen gemacht, für meinen Weihnachtsbaum kaufen. Er hat nur 4 Engel liegen und sagt mir, dass er die ganze Nacht arbeiten wird und mir für morgen um 16 Uhr 30 Stück besorgen kann. Ich werde morgen wieder herkommen und bin jetzt schon neugierig. Auch gehen zwei Giraffen, gemacht aus alten Ölkanistern und eine kleine Schale mit nach Zell am See. Bei vielen Souvenirs weiß man gar nicht, was man damit machen soll. Trotzdem hat alles eine magische Anziehungskraft auf mich, das ist bestimmt das afrikanische Flair.

Mit 10 Minuten Verspätung werden wir von Chris Nel beim Guesthouse abgeholt. Ich buche für meine Kunden die Living Desert Tour bei ihm oder bei Tommy Collard. Beide haben die gleiche Philosophie, bieten das gleiche Produkt, haben aber eine persönliche Note. Tommy ist mehr der Ruhige. Seriösere. Chris ist mehr der Showman. Beide sind jedoch in ihrer Art einzigartig. Auch dieses

Mal bin ich wieder von der Fähigkeit überwältigt, wie die Tierchen in dieser Sandkiste überleben und Chris sie findet. Die Dünen rundum Swakopmund sind endlich zum Nationalpark erklärt worden und geschützt. Es ist eigentlich ein Wahnsinn, wie wir Menschen mit unserer Erde umgehen und sie kaputt machen. Es wird mir heute wieder so richtig bewusst. Über die Tour sage ich nicht viel, jeder soll selber dieses Erlebnis mitmachen und die Faszination Wüste kennenlernen. Ein Muss auf jeder Namibia-Reise!!

Den letzten Tag sind wir in der Stadt unterwegs. Ich möchte auf jeden Fall zwei Decken kaufen. Heute hat sich der Nebel wieder einmal über Swakopmund gelegt, es ist ziemlich frisch, ich schätze so 8° C. Wenn wir morgen ins Innere des Landes fahren, wird es sicherlich wieder wärmer werden. Sonst sind wir in allen Souvenirläden zu finden, auf der Suche nach etwas Brauchbarem. Gestern habe ich auf dem Souvenirmarkt meine Engel bestellt und tatsächlich hat er die Bestellung fertig. In seinem „Office", so wie er seinen Schuppen nennt, holt er aus seinem Rucksack die Engel heraus. Ich kann den Stand 55 also sehr empfehlen. Bei Nely, er hat Stand Nr. 1, habe ich gestern auch einen Schlüsselanhänger in Auftrag gegeben. Du siehst die Nuss überall in Namibia. Eine Makalani, welche wie eine Art Kastanie ausschaut. Künstler schnitzen die schönsten Motive hinein und fertig ist dein Schlüsselanhänger. Ich habe Nely gestern gefragt, ob er für mich eines mit dem TRAVELKID Logo machen kann und bringt mich zu seinem Freund Timoteus von Stand Nr. 7. Er hat das

Motiv fast fertig und schnitzt behutsam noch eine Giraffe in die Nuss hinein. Fertig. Romy will auch einen Anhänger, natürlich mit einer Meeresschildkröte darauf. Für Timoteus nach all den Landtieren eine Herausforderung! Zuerst malt er mit einem Kugelschreiber eine Kröte auf die Nuss, es schaut aber wie ein Perlhuhn aus. Romy muss so lachen, nimmt ihm den Kugelschreiber ab und malt ihm auf ein Stück Zeitungspapier eine Schildkröte vor. Jetzt müssen auch die herumliegenden Standler lachen. Aber 15 Minuten später hat Timoteus wirklich 2 tolle Schildkröten auf die Makalani geschnitzt. Obwohl die Dinge nur N$ 20 wert sind, belohnen wir seine Mühe mit N$ 50. Wenn du also auch so eine Makalani Nuss mit Wunschmotiv haben willst, frage nach Timoteus, Stand Nr. 7 und lasse ihn schön grüßen.

The white lady

Nach Uis bleibe ich auf der C35 Richtung Khorixas. Das letzte Mal haben wir „the white lady" wortwörtlich links liegen lassen. Dieses Mal biege ich 10 km nach Uis links in die D2359 ein und steige nochmals 20 km weiter am Fuß des Brandbergs aus. Es ist richtig heiß, herrlich! „So stelle ich mir Afrika vor", sagt Romy und zieht sich gleich etwas Luftigeres an. Rion ist unser Guide. Durch den Massentourismus wurden viele der Malereien überschmiert und zerstört. Auch von der Weißen Dame sind nur noch vage Überreste erhalten, weshalb sie durch Gitter geschützt wurde. Um weiteren Vandalismus zu verhindern, muss für die 1 ½-stündige Wanderung ein lizenzierter Führer des Brandberg Community Tourist Project genommen werden. Die Weiße Dame ist eine Felszeichnung, 45 cm hoch und wurde 1918 durch den deutschen Wissenschaftler Reinhard Maack entdeckt. Er interpretierte sie richtig, wie man heute vermutet, als Krieger, maß ihr aber keine große Bedeutung bei, wodurch sie wieder in Vergessenheit geriet. 1955 wurde sie wiederentdeckt. Trotz fehlender weiblicher Formen schloss der neue Entdecker aufgrund der Körperhaltung und dem Gegenstand (Gefäß oder Lotusblume) in den Händen der Figur darauf, dass es sich um eine Frau handeln müsse. Heute geht man davon aus, dass es sich bei den Gegenständen um Jagdausrüstung handelt und die Figur daher einen Krieger oder Schamanen darstellt.

Die Bezeichnung white lady wurde aber bis heute beibehalten.

„Are there any snakes here?" frage ich Rion. Er erzählt, dass er auf der Uni in Swakopmund Schlangenkunde gehabt hat. „Tommy Collard was my teacher", sagt er. Tommy kennen wir natürlich von der Living Desert Tour. Auch Namibia ist eine kleine Welt, trotz immenser Größe. „Ich will Rockdassies sehen", sagt Romy, ob Rion eine für sie finden kann. In einem Baum direkt vor uns findet er gleich zwei, eine sitzt noch am Boden und eine hinter dem Felsen. Einen Baum weiter sitzen nochmals fünf drinnen. Wir sind auf dem Hinweg schon an dieser Stelle vorbei gelaufen und haben sie nicht gesehen. Jetzt, wo wir wissen, wo sich die Rockdassies aufhalten, sehen wir jede Menge. Nach insgesamt 2 ½ Stunden stehen wir wieder beim Auto und danken Rion für den lustigen Tag.

Am Campingplatz White Lady in Uis steht noch eine andere Familie. Eine Familie aus Wien mit 2 Kindern. Immer wieder lese oder höre ich, dass so viele schlechte Kritiken über diesen Campingplatz veröffentlicht werden. Aber der Platz ist ordentlich angelegt. Das Schwimmbad in der Mitte hat einen grünen Rasen und die Duschen sind sauber und gepflegt. Es hat uns damals schon gut gefallen und jetzt wieder. Ich verstehe die Kritiken nicht so ganz. Langsam kommt wieder etwas Wind auf und mit der Erfahrung der letzten Tage suche ich einen geschützten Platz. Obwohl die Campsite leer ist, ist der beste Platz da, wo die Familie aus Wien steht. Der zweitbeste Platz gleich neben der Wiener Familie. Wir planen gleich ein gemeinsames Essen und haben einen netten Abend mit Wolfgang, Karin, Simon (13) und Sebastian (15).

Living Museum der Damara

In Uis möchte ich das Auto wieder voll tanken. Ich war gestern schon bei der Tankstelle. Da hat sie keinen Diesel mehr gehabt, sollte allerdings in der Früh beliefert werden. Ab jetzt heißt es tanken wo es geht! Vor dem Supermarkt sitzt Geraldine, eine Hererofrau. Sie bastelt kleine Herero-Puppen und braucht angeblich einen Tag für die Puppe. Für N$ 60 kaufe ich eine Puppe und frage, ob ich ein Foto von ihr machen darf. Als Dankeschön printe ich ihr wieder das Foto aus und sie ist sichtbar happy über diese Geste. Es ist übrigens kein Superprinter, aber für diese Zwecke ganz brauchbar. Es ist von Polaroid ein Pogo Gerät. Die App heißt auch so. Pro Foto kostet es mich ungefähr 1 Euro, die Qualität miserabel, egal. Darum geht es nicht.

Die Nacht ist ein Traum gewesen. Warm, windstill, ich habe durchgeschlafen und keine nächtlichen Spaziergänge zur Toilette machen müssen. Heute fahren wir nach Twyfelfontein, zum Living Museum der Damara. Ein Museum, in dem die Damara laut ihrer Tradition leben und vorführen. Einerseits um ihren eigenen Kindern ihre Kultur beizubringen, damit diese nicht verschwindet, andererseits um uns Touristen zu zeigen, wie die Damara früher und auch heute im Outback immer noch leben. Gemeinsam mit der Wiener Familie nehmen wir einen Guide. Nico begrüßt uns. Die erste

Hütte, die er uns zeigt, ist das Sprechhaus. Wenn jemand aus dem Stamm ein Problem hat, kann er sich hier mit dem Chief treffen und wird das Problem besprochen, geklärt oder nach einer Lösung gesucht. Etwas was es in unserer Gesellschaft fast nicht mehr gibt. Du brauchst nur eine Gruppe Jugendlicher beim gemeinsamen Abendessen zuschauen. Jeder spielt mit seinem Handy herum oder sie kommunizieren via WhatsApp oder Facebook miteinander. Bei uns gibt es beim Abendessen Handyverbot!

Nico ist bekleidet mit einem Höschen aus Ziegenhaut und einigen gereihten Perlen von Tierknochen vor der Hosentüre. Zumindest, da wo der Zipp normalerweise in der Hose steckt. Die Hütten befinden sich in der Nähe der Felsen, wenn es regnet, suchen die Damara Schutz unter den Felsen. Die Hütten sind aus Ästen, das Dach aus Stroh und Gras, bei manchen ist eine Türe aus Ziegenfell kreiert. Rundum sind Äste vertikal und nah aneinander in den Boden gesteckt und sollten das Volk gegen Elefanten schützen. Aber ob das jemals hält… Verschiedene Gegenstände, nützliche Pflanzen und andere Bräuche zeigt Nico uns vor, assistiert von einer ziemlich dicken Dame mit einem gigantischen Busen und einem roten Gesicht. Typisch für die Damara. Es ist das gleich rote Zeug was die Himbas verwenden nur nicht mit Fett gemischt. Es ist eine Art Sonnenschutz. Ein Tanz wird vorgeführt, an welchem 10 Personen teilnehmen, wieder zwei andere Burschen zeigen ein Spiel vor: !Hus.

!Hus kennen wir in Europa auch, es ist eine bekannte Variante vom Kalaha Spiel und stammt von den Damara. Das Spielbrett besteht hier aus 4 Reihen mit je 8 Mulden – gespielt wird mit 48 Bohnen oder Steinen. Immer zwei Reihen gehören einem der beiden Spieler – die ihm zugewandten Reihen. In der ersten Reihe liegen je zwei Bohnen in jeder Mulde, in der zweiten Reihe werden nur die vier auf der rechten Seite liegenden Mulden mit je zwei Bohnen besetzt. Die vier links liegenden Mulden bleiben zunächst leer. Trifft man mit der letzten Bohne auf eine gefüllte Mulde, entnimmt man alle Bohnen und verteilt weiter. Trifft man mit der letzten Bohne auf eine leere Mulde, ist diese Runde für einen beendet und der Gegner ist am Zug. In der nächsten Runde suchen Sie sich eine Ihrer besetzten Mulden - mindestens zwei Bohnen - aus und spielen nach obigem Muster. Wichtig ist, dass alle Steine im Spiel bleiben. Kommt man mit dem letzten Spielstein in eine gefüllte Mulde (z.B. 10 Bohnen) der vorderen Reihe, so kann man die genau gegenüberliegenden Mulden des Gegners plündern. Nur wenn die Mulde der 3. Spielreihe leer ist, können Sie nicht die volle 4. Spielreihe plündern. Sie ziehen dann nur mit Ihren eigenen Bohnen weiter. Züge dürfen nur aus Mulden gemacht werden, die zwei oder mehr Bohnen enthalten. Einzelne Bohnen dürfen nicht gespielt werden. Der Spieler, der nur Einzelsteine in seinen Mulden liegen hat, hat verloren. Es hört sich komplizierter an, als es letztendlich ist.

Eine Erfahrung reicher verabschieden wir uns von Nico und der Wiener Familie. Sie fliegen am gleichen Tag wie wir mit dem gleichen Flug zurück. Spätestens dann sehen wir uns wieder. Sie fahren zu den San Zeichnungen, da waren wir 2009. Wir fahren zum nächten Höhepunkt: die Grootberg Lodge. Das Gelände, wo wir durchfahren, ist ein Traum. Wir sind inzwischen in Damaraland angekommen, auf der Grenze zu Kaokofeld. Viele Tafelberge sind hier aneinander gereiht. Total zerklüftet, wie in Amerika. Zum ersten Mal ist die Schotterpiste wieder kurvenreich und ich muss ab und zu wirklich gut aufpassen, wenn unser Sharky dazu neigt abzudriften. Der Toyota, den Romy Sharky genannt hat, schaut endlich wie ein echtes Geländefahrzeug aus. Staubig und dreckig. Rot. Nicht mehr weiß. Nach Swakopmund war die Fahrbahn nass gespritzt, weil daran gearbeitet wurde und seither hat Sharky einiges abgefangen bzw. angezogen.

Die Grootberg Lodge, in der wir übernachten, ist wirklich einzigartig. Zum einen die fantastische Lage ganz oben auf einem Tafelberg, zum anderen die Aussicht. Die Aussicht von oben über das Tal ist ein Wahnsinn, die letzten 500 Meter zur Lodge übrigens auch! Die Lodge ist ein Projekt von und für Einheimische. Jeder der hier arbeitet, kommt aus der Region. Viele Lebensmittel kommen von Bauern aus der Region. Das Geld fließt somit in die Region zurück und nicht zur Geldbörse irgendeines Großinvestors im Ausland. Genauso wichtig finde ich das Projekt zum Schutz der Rhinos und Elefanten, aber dazu morgen mehr.

Wüstentiere und Nomaden

Oben am Berg weht es und es ist wieder kalt, wir sind doch einige Höhenmeter hinauf gefahren und das macht sich leicht bemerkbar. Schade, weil die Aussicht so gewaltig ist und ich gerne auf der Terrasse gesessen wäre. Rechts und links die Tafelberge, das Tal in der Mitte mit der typischen Landschaft. Überall abgebröckelte Steine, abgewechselt mit Grasbüschen, Mopade Bäume und anderen Sträuchern. Vereinzelt ein Köcherbaum, dazwischen rennen, grasen und springen Oryxe und Springböcke. Die Lodge ist eine Oase! Das Zimmer ist in einem Häuschen untergebracht und völlig in die Landschaft integriert. Die Einrichtung ist etwas einfach, ich hätte mir für den Preis etwas mehr erwartet, trotzdem fantastisch. Am Abend gibt es im Restaurant ein Menü und abschließend noch Tanz und Gesang vom Personal, sowie in der Kalahari Anib Lodge.

Heute früh fahren wir um 7.30 Uhr weg. Ernst und Iman begrüßen uns. Wir haben das Safarifahrzeug heute für uns alleine. Giraffen, Kudus und Zebras sind aber nur Nebensache, wir suchen Elefanten! Ganz seltene scheue und aggressive Wüstenelefanten. Warum die Elefanten so aggressiv sind, hat indirekt mit dem Projekt der Lodge zu tun. „Früher" erhält Ernst uns, „haben wir die Elefanten und Rhinos gejagt, aber jetzt beschützen wir sie." Es hat etwas gedauert bis die Gemeinschaft dies eingesehen hat. Für ein Rhinozeroshorn hat man so viel

Geld bekommen um ungefähr eine Woche essen zu können. Danach musste das nächste Nashorn umgebracht werden. Jetzt bekommen diese Menschen jeden Tag Geld, weil sie mit Touristen herumfahren um die Rhinos zu sehen. Eine andere Sichtweise. Mit den Elefanten liegt die Sache etwas anders, obwohl mit den Stoßzähnen auch viel Geld verdient wurde. Nur die Elefanten werden, wenn sie kein Wasser finden können, sehr aggressiv. Sie sind zu den Dörfern gekommen und haben die Wasserpumpe und die Wassertanks kaputt gemacht um an das Wasser heran zu kommen. Mit unseren Steuergeldern hat die EU hier einige Wassertanks mit einer dicken Mauer versehen und sind separate Wassertanks für die Elefanten gebaut worden. Jetzt leben die Menschen hier in Harmonie mit den Elefanten. Übrigens, um die Elefanten von den Dörfern fern zu halten, wird Elefantendung angezündet!

Wir folgen einer Spur. Immo ist der Fahrer, Ernst der Guide, aber Immo erzählt uns mehr. Zuerst sehen wir eine drei Tage alte Spur, dann eine Elefantenspur von gestern „We are getting closer", sagt Immo. In the middle of nowhere passieren wir eine Farm, versehen mit einer Rauchstelle, wo Dung verbrannt wird. „Heute morgen haben die Elefanten hier Wasser getrunken und sind in diese Richtung weiter gegangen", erzählt der Bauer. Langsam wird es doch spannend. Ich habe das Gefühl, dass die Tiere um jede Ecke stehen können. Nach 10 Minuten verlieren wir die Spur. Immo fährt überall dort, wo es inzwischen keinen Weg mehr gibt. „Vielleicht sollten wir eine andere Spur suchen", sagt

Immo. Immerhin gibt es ca. 50 Elefanten in diesem Gebiet. Aber dann, „Stopp!", ruft Ernst. Er klettert auf das Dach des Autos, bewaffnet mit seinem Fernglas. Aber dafür brauchst du kein Fernglas. Genau oben auf dem Bergrücken sind die Silhouetten von zwei Bullen ganz deutlich zu erkennen. Jetzt wissen wir jedenfalls die Richtung, in der wir suchen müssen. Immer dichter wird der Busch, immer schlechter die Straße, bis es gar keine mehr gibt. Immo jagt das Fahrzeug über die Steine, an Büschen und Bäumen vorbei und durch trockene Flussbetten durch. Plötzlich sehe ich etwas vor uns im Busch verschwinden „Da links", sage ich zu Immo und er fährt nochmals 50 Meter weiter, bis es wirklich kein Durchkommen mehr gibt. Und dann wie aus dem Nichts marschiert eine Herde auf ca. 50 Metern Distanz an uns vorbei. „Whow!"

Wir haben am nächsten Tag auch eine Tour zu den Himba gebucht. Gemeinsam mit Tom, Patricia und ihren 3 Kindern: Simon (mit Downsyndrom), Kylian, Martinus und den Führern Immo und Ernst von gestern sind wir wieder früh unterwegs. Obwohl es von den Kilometern her nicht so weit ist, dauert die Fahrt fast 2,5 Stunden und führt wirklich weit in eine Schlucht hinein. Bevor wir von der Hauptstrasse abbiegen, hält Immo bei einem kleinen Geschäft neben der Straße an. Die Himba haben kein Wechselgeld, wenn wir dort etwas kaufen möchten, sollten wir hier Geld wechseln. Aber nur Geld wechseln bei dem Laden kommt mir auch etwas blöd vor und so nehme ich mir vor eine Kleinigkeit zu kaufen. Aber wie ich auch herumschaue, außer Seife, einer Dose Bohnen und Bier gib es nicht was ich gebrauchen könnte und es bleibt beim Geld wechseln. Immo biegt von der Hauptstraße ab, langsam verschwindet die Sandstraße und wir folgen einem holprigen Pfad ein Bachbett entlang, manchmal geht der Pfad am anderen Ufer weiter. Rechts und links ragen Felsen bis zu 50 Meter in die Höhe. Die Felsen sind sehr brüchig und werden vom Wind und von den Tieren zerstückelt, Steine rollen den Berg hinunter und bleiben irgendwo liegen. Ein totes Zebrakalb liegt am Ufer, der Kopf ist halb weggefressen, Klippschliefer springen im Baum und auf den Felsen herum. Aus dem Nichts wandern 2 Himbamänner mit ihren Ziegen auf der Straße, auf dem Weg zu grünem Gras und Futter für die Tiere. Endlich taucht das Dorf auf. Sicherlich 8 teilweise nackte Kinder rennen uns hinterher. Sie wissen schon was los ist, wie damals in Opuwo, Gäste haben immer Geschenke mit. Was sollen sie auch hier mit Geld anfangen, wenn das kleinste Dorf 15 km weiter weg ist. Die Begegnung mit den Himba ist im Wesentlichen gleich wie unser Besuch bei den Himba in Opuwo. Deswegen jetzt keine ausführliche Beschreibung, außer meiner Empfehlung diese lieben Menschen zu besuchen und den touristischen Aspekt zu ignorieren.

Am Nachmittag fahren wir 25 km weiter, zur Campsite Hoada. Sie fällt unter das Management der Grootberg Lodge. Da wird noch fleißig an der Rezeption und an der Bar gearbeitet. Die Campsite ist relativ neu, die Stellplätze so megagroß und weit voneinander entfernt. Da hätten statt 3 auch 30 Stellplätze sein können.... Der

Stellplatz selber ist Luxus pur! Eine eingerichtete Küche mit Spülbecken, Braai, Lagerfeuerplatz, warmes Wasser bekommst du, wenn du ein Donkeyfire anzündest. Der Stellplatz ist komplett in den umliegenden großen Felsen eingebaut. Wenn ich zwischen den Felsen durchgehe, komme ich zur Dusche. Eine super Buschdusche im Freien und auch die Toilette hat sich hinter einem anderen Felsbrocken versteckt. Der Platz ist sensationell, total sollten 7 Stellplätze gebaut werden.

Die Nacht war wieder ein Traum. Fein warm, windstill. „Romy schau mal hier, eine Tierspur", rufe ich meine Tochter aus dem Zelt. Mit ihrem Buch, welches wir in Sesriem gekauft haben, stellen wir fest, dass es ein Stachelschwein gewesen sein muss, welches Rudolf uns bestätigt. Rudolf ist unser Führer und steht um Punkt neun mit Kuhmeb und Cobral vor der Türe, zwei süße Pferde. Die Pferde sind früher bei der Grootberg Lodge gestanden, aber nachdem sich Löwen zweimal an einem Pferd satt gegessen haben, war die Lodge genötigt, die Pferde irgendwo anders hin zu siedeln. Ich habe für N$ 50 eine Reitstunde gebucht, wir stehen jedoch erst 2 Stunden später wieder auf dem Gelände. Aber zuerst mal die Tour. Relaxed bin ich einfach oben auf dem Pferd gesessen, die Umgebung genießend. Die Bäume und Büsche stehen zeitweise ziemlich dicht, dann wieder etwas weiter auseinander, große runde Felsbrocken teilweise kreuz und quer aufeinander gestapelt, liegen im Gelände herum. Oben am Plateau, am Ende des Pfades kommen wir zu einem Bauern. Seine Ziegen und Kühe hält er auf dem großen kargen Sandboden, der Zaun sind nur einfache Äste und Stacheldraht. „Die Tiere sind am Tag am Berg und grasen. Am Abend gibt es Wasser und Futter", erzählt Rudolf, „dann kommen sie wieder zurück." Die Tiere wissen, dass sie ohne Hilfe des Bauern keine Chance zum Überleben haben „Wir warten auf Wasser", erzählt er weiter. „Wenn wir in der nächsten Regenzeit (Nov-Feb) kein Wasser bekommen, werden einige Pferde sterben." Laut Rudolf ist Wasser da, aber Heu kennt in Namibia niemand. Die Pferde essen trockene Grashalme, in denen nichts drinnen ist. Vor allem die älteren Tiere werden noch eine Trockenzeit nicht überleben, weil die Grashalme dann kahl gefressen sind. Nach der Reittour werden auch unsere Pferde auf dem Gelände frei gelassen um die letzten trockenen Grashalme zu fressen, denn saftig, das waren die schon lange nicht mehr.

In Kamanjab tanke ich das Auto wieder voll und fülle wir wieder an. Vor dem Supermarkt steht ein Mann. Er hat Hunger und will für Geld mein Auto waschen. Mir gefällt es aber so dreckig! Neben dem Supermarkt sitzen ein paar Männer mit einigen Flaschen Alkohol. Wenn ich ihm Geld gebe, wird er vielleicht auch Alkohol kaufen. Mit Trinken löst du natürlich keine Probleme. Deswegen habe ich ihm einen Sack Äpfel gekauft. Etwas verdutzt schaut er mich an, ist dann megaglücklich.

Hunderttausend Wildtiere

67 Kilometer nach Kamanjab liegt das Galtor Gate, der westliche Eingang zum Etosha Nationalpark. Der Zugang ist nur mit einer gültigen Reservierung von einem anerkannten Reisebüro für das Dolomite Camp erlaubt. Zuerst muss ich Eintritt bezahlen, dann steht Etosha für uns offen. Wir biegen gleich von der Hauptstraße links ab, aber ob das die richtige Wahl war? Die Büsche stehen so dicht, die Äste reichen ca. 2 Meter hoch, wir sehen nichts. „Nicht mal Springböcke", sagt Romy. Dann flitzt eine Maus vor meinem Auto zur anderen Straßenseite. „Haha, eine afrikanische Steppenrennmaus", scherzt Romy, als wir nach einer guten halben Stunde immer noch nichts gesehen haben. Dann wird das Gebüsch weniger, wir können manchmal hinter die erste „Reihe" Büsche schauen und werden mit Kudus, Oryx, Zebras und Giraffen belohnt. Bei Klippan befindet sich eine Salzpfanne, wir sehen sogar eine große Herde Kuhantilopen oder auf afrikanisch Hartebeest.

Das Dolomite Camp ist ganz oben auf einen Hügel gebaut. Und, obwohl der Name anders vermuten lässt, ist es eigentlich eine Lodge, mit dem Unterschied, dass du in komplett eingerichteten Zelten übernachtest. An der Rezeption erzählt Leonard, dass wir nach Sonnenuntergang nicht mehr alleine über das Gelände gehen dürfen. Wir müssen dann anrufen und dürfen die

Strecke zwischen Zelt und Restaurant nur mit Begleitung zurück legen. Die Umgebung beherbergt nämlich hungrige Löwen, Hyänen und Geparde. Das Gepäck wird zu unserem Zimmer gebracht: ein großes grünes Zelt mit Aussicht über den Etosha Nationalpark. Die Terrasse hat zwei Liegestühle, eine Loungebank und ein privates Schwimmbad. Traumhaft im namibischen Sommer, aber jetzt im Winter einfach zu kalt! Das Zimmer im Zelt ist ein Traum. Das WC und die Dusche oben, 2 Stufen tiefer das Bett – zweimal so groß wie die Matratze in unserem Dachzelt. Vom Bett aus kannst du die Vorhänge aufmachen, die Aussicht muss morgen früh beim Sonnenaufgang, ein Traum sein. Aber wir haben es verpasst, verschlafen, besser gesagt.

Über den gesamten Aufenthalt in Etosha möchte ich hier auch nicht viel erzählen. Ich habe einen längeren Reiseblog über den Nationalpark geschrieben und auf http://blog.travelkid.at veröffentlicht. Da findest du echt alle Informationen über diesen fantastischen Park.

Buschmänner

Wieder mal steuern wir etwas nördlich von Grootfontein Roy's Rest Camp an. Von hier aus werden wir dieses Mal die Buschmänner besuchen. Während unserer ersten Reise habe ich mit Romy nur die Himba besucht. Die Kinder sind von einem Besuch so beeindruckt, dass ich damals nur einen der Ureinwohner Namibias besuchen wollte. Jetzt mit 11 Jahren passt es prima um auch die Buschmänner zu besuchen. So folge ich am nächsten Tag der C44 Richtung Grashoek und wieder verläuft die Straße schnurstracks geradeaus und das gleich eine Stunde lang. Wir sind übrigens seit Etosha wieder auf Asphaltstraßen unterwegs und haben die Reifen wieder ordnungsgemäß aufgepumpt. Die San, wie die Buschmänner auch genannt werden, dürfen nicht mehr auf die Jagd nach Wild gehen und deswegen wird das Auto bei einer Kontrollsperre überwacht und kontrolliert. Fleisch darfst du nur hinein führen, nicht mehr heraus. Ein San könnte ja ein Zebra getötet haben! Hundert Meter nach der Sperre zeigt ein Hinweisschild dass ich links einbiegen soll. Ab hier sind es noch 6 Kilometer zum Museum. Ich bin komplett überrascht eine Sandstraße zu haben. Gerade gestern habe ich die Reifen wieder aufpumpen lassen. Den niedrigen 4 L Gang habe ich eingelegt, jetzt einfach auf dem Gas bleiben und hoffen, dass kein Gegenverkehr kommt, weil das geht sich hier nicht aus.

Es gibt einige Programme, die du buchen kannst, von 1,5 Stunden bis 3 Tage ist alles möglich. Ich habe Romy versprochen, dass sie Pfeil und Bogen machen kann und wähle Programm 3. Khore, oder auf „Westers" Erna, nimmt uns mit zu N!ani und Ksao, zwei Männer, die uns zeigen wie wir einen Bogen machen können. Schritt für Schritt erklärt N!ani was wir machen sollen, Khore übersetzt, Romy hilft, ich fotografiere. Ich kann einzelne Worte verstehen. Die Klicksprache hat einige südafrikanische Worte drinnen und das macht es so witzig. Nach viel unverstandenen Worten und geklickerdieklack kommt dann ein holländisches Wort. Ich muss dann so lachen. Die San lachen mit und sind total freundlich und noch mehr daran interessiert die Kultur, ihre Gebräuche zu vermitteln. Nach einer Stunde „werkeln" ist der Bogen fertig, die Pfeile hat Ksao in der Zwischenzeit erstellt. Jetzt gehen wir „auf die Jagd". Ganz leise schleichen die Männer sich an das Opfer heran, Romy hinterher. Da wird etwas Sand aufgehoben und von der Hand hinunter „geraschelt". „Der Wind steht gut!", sagt N!ani, dann werden die Bogen gespannt und… Romy schießt einen Pfeil fast in meinen Fuß! Vor lauter Fotografieren habe ich nicht genau gesehen, wo ich herumgewandert bin und habe mich genau hinter die Beute gestellt. Ich war ziemlich überrascht, dass Romy soweit geschossen hat! Die beiden San sind Rechtshänder, Romy Linkshänder und sie haben Romy nicht so genau erklären können, wie sie Pfeil und Bogen festhalten soll. Romy hat viel Spaß mit den Männern und belohnt die Männer auch mit einem Bild aus dem

Printer. Eine ältere Dame zeigt uns, wie sie Ketten macht. Straußeneierschalen werden zerstückelt und mit einem scharfen Messer zu runden Perlen geschlagen. Viel Schmuck wird mit Nüssen, Beeren, Ästen und anderen Gegenständen aus der Natur verziert. Beim Eingang ist ein Shop, in dem alle Ketten, Armbänder und Taschen ausgestellt sind. Überall hängt das Preisschild dran mit Preis und Namen des Herstellers. Ich schaue natürlich, dass ich von verschiedenen Herstellern etwas mitnehme. Die Schilder sind aus Verpackungskarton geschnitten, an der Rückseite mit Werbung von Knorr und Nescafé versehen. Das Recyling funktioniert hier, allerdings aus einem ganz anderen Grund. Von drei verschiedenen Herstellern nehmen wir Ketten und eine kleine Tasche mit. Da passt nicht einmal das Handy hinein, aber der Hersteller hat große Freude, dass wir es kaufen. Zufälligerweise ist er selbst im Shop gestanden.

Eigentlich möchten wir länger bei den San bleiben, aber es geht Romy nicht so gut. Neben uns wird ein deutsches Pärchen von einem deutschen Führer betreut. Mir ist bereits aufgefallen, dass er die Klicksprache spricht. Ich habe vor der Reise zufälligerweise über ihn einen Artikel gelesen und jetzt begegnen wir ihm hier. Er ist hier aufgewachsen und deswegen mit der Klicksprache vertraut. Witzig! Er glaubt, dass Romy von einer Biene im Fuß gestochen ist und holt sogar den Stachel aus ihrem Fuß. Sie hat es nicht mal bemerkt, aber mir wird jetzt klar, warum es ihr schlecht geht.

Zurück in Roys Camp werden wir die zweite Nacht nicht am Campingplatz verbringen. Es gibt nämlich kleine Häuschen. Fred Feuerstein Häuschen. Jedes Häuschen ist unterschiedlich, manche für 2 bis hin zu 6 Personen und wiederum aus allen möglichen Utensilien aus dem Wald hergestellt. Der Roy ist wohl irrsinnig kreativ! Es gibt viel Holz, die Lampe ist aus einem Topf, sonst sind Flaschenstöpsel, Zahnstocher, Fischdosen und gefärbte Flaschen als Dekoration in den Häuschen verarbeitet. Die Leiter zum ersten Stock wird beim TÜV der Baukommission sicherlich nicht durchkommen und weil Reiseveranstalter für jeden losen Stein und deren Folgen haftet, bist du hiermit gewarnt! Am Abend wird das gesamte Gelände mit Öllampen beleuchtet, es schaut ganz romantisch aus. Ich lasse das Kochen aus und wir genießen das große Abendbuffet mit herrlichen Salaten.

Kambaku

Nach 17 Kilometern Staub und Sand erscheint das bekannte Logo von der Kambaku Safari Lodge und trotzdem verpasse ich fast die Einfahrt. Romy öffnet das Tor und wir gelangen zur Lodge. Innen bekommen wir einen netten Empfang mit kalten Handtüchern und Minzeblättern um die Hände sauber zu machen, dazu zwei Gläser Orangensaft. Diana begrüßt uns ganz herzlich, so wie das gesamte Personal ganz herzlich ist. Jeder nimmt sich Zeit einige Worte mit dir zu reden. An der Rückseite der Lodge befindet sich der Garten mit einem grünen Rasen, einem Schwimmbad, Feuerstelle und Wasserloch. Hier könnte ich eine Woche bleiben!!

Das Zimmer übersteigt meine Erwartungen. Wir bekommen ein Familienzimmer, für die Kinder gibt es oberhalb des Badezimmers 2 Betten. Ganz afrikanisch ist das Badezimmer mit einer Art Spülkasten-Dusche ausgestattet, der Boden verziert mit großen Steinen und das zweite Waschbecken hängt etwas niedriger, für die Kinder. Sonst hängen weiße Vorhänge vor den Fenstern, steht ein großes hölzernes Hippo in der Ecke und liegt ein Gnu am Boden. Die Lodge hat einen schönen Boden, bestehend aus braunen Natursteinen, die zu Mosaikstückchen zerkleinert sind, Tische und Stühle sind aus dem dunklen Teakholz, dunkelrote Vorhänge im Restaurant und weiße Tischläufer am Tisch mit 2 oder 3 hölzernen Giraffen am Tisch. Alles ist mit sehr viel Geschmack und Liebe eingerichtet. Auf der Farm kannst du Radfahren, Bogenschießen, Wanderungen machen und Reiten. Und genau deswegen sind wir hier. Wegen den Pferden. Romy schnappt sich gleich einen süßen Schimmel: Irini und mit der Reitlehrerin Svenja bekommt sie ein Stunde Unterricht.

Wie auf der Büllsport Farm im Naukluft Gebirge essen alle Gäste gemeinsam an zwei großen Tischen. Es ist eine Art Patio, geschützt vom Wind und mit einigen Heizschwammerl und einer warmen Decke ein herrlicher Platz zum Verweilen. Und heute Abend gibt es Fisch! Eine perfekte Abwechslung zu all dem Fleisch. Birte, die Betriebsleiterin, setzt sich neben uns und erzählt während dem Essen über die Farm. Die 76 km² große Farm liegt 1600 Meter über dem Meeresspiegel und diente früher der Rinderzucht. Alle inneren Zäune wurden entfernt nur der alte Grenzzaun blieb stehen. Die Farm steht nun den wild lebenden Tieren Namibias zur Verfügung und verzichtet auf kommerzielle Nutzung durch Viehzucht. Dieser Verzicht gibt dem Wild Spielraum für Entfaltung und verhindert Überweidung und Futterkonkurrenz.

Nach dem herrlichen Essen wandern wir zum Zimmer zurück. „Hast du das Licht angelassen?", frage ich Romy als ich bemerke, dass in unserem Zimmer das Licht brennt. „Nein, ich war nicht mal da!", sagt sie. Etwas misstrauisch öffne ich die Türe und sehe dann, dass auch alle Vorhänge geschlossen worden sind und das Moskitonetz rund um das Bett herunter gelassen wurde.

Das Zimmermädchen hat unser Zimmer für die Nacht hergerichtet. Die fantastischste Überraschung kommt dann als ich unter die Decke verschwinde: eine Wärmeflasche!!

Ein hübscher Kerl steht vor mir. Weiße Haare, lange Beine, ein glänzendes Fell. „Mr. Sandman gehört diesen Vormittag dir" sagt Svenja, die Reitlehrerin. Romy steigt wieder auf ihren Schimmel Irini und zu dritt reiten wir los. Auf dem Farmgelände liegen zahlreiche Pfade, die von den wilden Tieren angelegt worden sind und zu den verschiedenen Wasserlöchern führen. Weil die Farm eine Wildfarm und keine Rinderfarm ist, dürfen sie Zäune bis 2 Meter 40 hoch aufstellen. Es ist mit dem Wild in Namibia so geregelt, dass wenn zum Beispiel ein Kudu über den Zaun hüpft, zum Nachbarn, es dann auch dem Nachbarn gehört. Das willst du natürlich nicht und gleich 3 Ranger sind damit beschäftigt den 40 km langen Zaun tagtäglich abzufahren und zu reparieren. Warzenschweine zum Beispiel, graben oft ein Loch und schlupfen unten durch. Der Oryx ist ein Tier, das nicht springen kann. Er benutzt das gleiche Loch und schlüpft ebenso unter dem Zaun durch. Ein Kudu hingegen springt aus dem Stand sicher zweieinhalb Meter hoch. Aber eigentlich müssen die Tiere gar nicht raus. Insgesamt gibt es neun künstliche Wasserlöcher, da werden allerdings nur sechs bis sieben aktiviert und ständig wird gewechselt. Je nach Futter und um das Herumziehen der Tiere zu aktivieren.

Es weht eine kräftige Brise. Wieder mal haben wir mit dem Wetter kein Glück. Dieses Mal, weil die Tiere sich in dichteren Büschen verstecken, sie mögen den Wind genau so wenig wie wir. Außer zwei Springböcken und zwei Warzenschweinen mit Baby sehen wir während der Reittour nichts. Dafür erleben wir dann einen tollen langen Ausritt und bleiben nicht nur im Schritt. Wir traben und galoppieren das halbe Gelände umher. Die Pferde schnauben vor sich hin, unsere Haare flattern im Wind und mein Rucksack mit der Kamera darin, schlägt meinen Rücken grün und blau. Svenja hat ein ordentliches Tempo drauf, Romy grinst von einem Ohr zum Anderen und langsam spüre ich das Steißbein. Früher bin ich viel geritten, aber die „Hornhaut" die sich damals auf den Knochen gebildet hat, bin ich schon längst wieder los, bemerke ich. Trotzdem sind Irini und Mr Sandman irrsinnig brav und bringen uns nach 2,5 Stunden wohl zurück zur Lodge.

Wir genießen ein herrliches Mittagessen und relaxen im Garten auf den Liegen. Obwohl das Wasser im Schwimmbad echt zu kalt ist, können wir einige Zeit im Bikini auf den Liegen faulenzen. Die Lodge organisiert auch Sundowners und ich finde es einen netten Abschluss für unsere Reise. So stehen wir um 15.00 Uhr wieder bei den Pferden. Aber Romy hat es sich inzwischen anders überlegt. Die eine Privatstunde hat ihr so gut gefallen, dass sie noch eine Stunde machen möchte und ich ändere bei Svenja die gebuchten zwei Stunden in einer Stunde Privatunterricht und eine Stunde gemeinsam mit Sundowner. Da liegen einige

Stangen in der Reitbahn und ich frage Romy ob sie nicht springen möchte, worauf ein klares „Nein" kommt. Ich glaube, es ist eher ein „ich trau mich nicht" und Svenja hat es verstanden. Sie bringt noch 2 Steher hinein. Die Stunde fängt normal an, langsam arbeitet Svenja auf einen Sprung hin, ganz verrückt! Romy ist hin und weg. Sie hat hier in Namibia ihren ersten Sprung gemacht! Die letzte Stunde reiten wir mit den Pferden nochmals hinaus. Teilweise etwas schneller, aber meistens im Schritt und auf der Suche nach Tieren. Es ist doch etwas ganz Spannendes vom Pferd aus Warzenschweine, eine Gnuherde, Oryxe und Kudus zu sehen. Auf einer freien Fläche steht der Jeep geparkt, Tische und Stühle sind aufgestellt, etwas zu trinken und zu knabbern am Tisch. Als wir dort ankommen, werden die Pferde abgesattelt und sie wandern bequem und selbstständig zum Reitstall zurück. Wir setzen uns in den letzten Sonnenstrahlen hin. Romy grinst, bei untergehender Sonne, noch immer von Ohr zu Ohr.

Nashörner

Die letzte Station ist Waterberg. 2009 sind wir am Fuß in der Frans Indongo Lodge geblieben. Jetzt geht's hinauf auf das Plateau. Entlang der Straße laufen vielen Warzenschweine. Das Gras ist frisch gemäht, rote Termitenhügel stehen neben dem Weg und so folgen wir dem Weg nach oben zum Plateau. Oben gibt es zwei Lodges und zwei Campsites. Wir sind auf der Wilderness Campsite geplant, einem herrlichen Platz mit Aussicht auf das Plateau, sogar mit kleinem Schwimmbad. Das Restaurant befindet sich in der Lodge, 15 Minuten zu Fuß. Hier auf dem Plateau kannst du Wanderungen machen, alleine oder geführt. Wir möchten zum letzten Mal noch einen Gamedrive machen und starten um 16 Uhr los. Kameldornen stehen allerdings so hoch und dicht im Wald, dass ich in erster Instanz lieber am Stellplatz geblieben wäre. Nach Etosha ist ein Gamedrive hier etwas enttäuschend. Mehr als ein Impala, zwei Strauße und einige Affen sehen wir nicht. Dann aber, aus dem Nichts, zwei Nashörner links im Gebüsch. Aber das Beste kommt noch. Der Fahrer steigt aus und aus dem Gebüsch kommt ein Ranger. Er schubst das Tier zur Straße, es ist eindeutig an die Begleitung des Rangers gewöhnt. Dann die Überraschung. Wir dürfen aussteigen und uns bis auf 20 Meter dem Tier nähern. Sicherlich eine Stunde halten wir uns bei den Breitmaulnashörnern, auch white rhino genannt, auf. Wir sehen nur das Männchen und ein Weibchen. Ein zweites Weibchen hat sich in der Umgebung versteckt. Eine fantastische Erfahrung. Noch von diesem Erlebnis beeindruckt, zünden wir zum letzten Mal das Feuer an und verkochen so ungefähr alles, was noch im Auto ist. Es ist herrlich warm und wir sitzen den ganzen Abend beim Lagerfeuer und lassen uns die gesamte Reise nochmals durch den Kopf gehen. Wir sind uns jetzt schon sicher, dass es nicht lange dauern wird, bis wir wieder nach Namibia fahren werden. Wir lieben dieses Land!

Zum letzten Mal legen wir uns ins Dachzelt, ich wache allerdings in der Nacht auf und schaue gleich auf die Uhr. 1:12 Uhr. Irgendein Geräusch hat mich aufgeweckt. Ich spitze meine Ohren, irgendjemand oder irgendetwas schleicht um unser Auto herum. Wieder höre ich etwas. Es ist mit Sicherheit der Mülleimer. Nun bin ich erleichtert, das kann nur ein Tier sein. Neugierig mache ich den Zipp vom Zelt auf und stecke meinen Kopf nach draußen. Meine Augen gewöhnen sich langsam ans helle Licht draußen, es ist fast Vollmond und der Mond beleuchtet unseren Stellplatz. Zuerst sehe ich nichts, dann kommt es angestreunt. Ein Stachelferkel! Ich wecke Romy schnell auf, wir drehen uns im Bett um und beobachten, fein zugedeckt, das Tier von unserem Zelt aus. „Na ist das süß", sagt Romy treffend. Es sucht nach Essbarem. Wir haben unsere Esswaren gut versteckt und verstaut, trotzdem hat sie etwas gefunden und knabbert es an. Ich kann nur nicht sehen was. Nach einer halben Stunde verschwindet das Stachelschwein langsam zum nächsten Stellplatz und wir schlafen dankbar ein.

Sammeljäger

Wir räumen unsere Campingsachen auf. Wir benötigen sie nicht mehr. Alle Esswaren die wir übrig haben, packe ich in einen Plastiksack, sowie die restliche Kohle und das Buschholz. Das Buschholz ist übrigens richtiges „Klumpert!" Es raucht nur! Als ich nach Windhuk fahre, halte ich noch kurz beim Tormann am Eingang vom Waterberg Nationalpark an und schenke ihm die ganzen Sachen. Er ist sichtbar happy und bedankt sich hundert Mal.

Das letzte Mal, als wir in Namibia waren, haben wir den Souvenirmarkt in Okahandja komplett übersehen. Heute machen wir einen neuen Versuch und freuen uns schon auf etwas Shopping. Romy braucht für ihren Vater noch ein Geschenk. Ich hätte gerne noch das !Hus Spiel und will unbedingt noch eine Giraffe, gemacht aus Limonadendose, mitnehmen. Knapp zwei Stunden brauche ich doch noch bis Okahandja. Auf der Straße ist viel Verkehr und weil ich vor 2 Tagen eine Linse verloren habe, und keine Reserve mehr dabei habe, kann ich nicht gut sehen, ob Gegenverkehr kommt und bleibe lieber hinter einem LKW hängen. Die lustigen Warzenschweine grasen entlang der B1, ab und zu quert ein Pavian die Straße, am Horizont sehe ich nur noch vereinzelt einen Berg, sonst ist die Landschaft flach, bewachsen mit allen möglichen Stachelbäumen.

In Okahandja finden wir den Markt auf Anhieb, gleich bei der Ausfahrt. Wieso habe ich den das letzte Mal nicht gesehen? Kleine hölzerne Scheunen mit Wellblechdach stehen aneinander gereiht. Vor einigen Jahren ist der Markt komplett abgebrannt. Manche Verkäufer haben sogar ein Foto von ihrem alten brennenden Laden aufgehängt. „Die Verkäufer sind so aufdringlich", hat mir mal jemand erzählt, aber ich finde sie gar nicht so lästig. Natürlich begrüßt Dich jeder oder sagt „you can touch everything" aber sie lassen dich dann ziemlich in Ruhe. Was mich ganz ehrlich gesagt mehr nervt, ist, dass jeder Laden das gleiche verkauft. In jedem Laden die Schüsseln, Salatbesteck, hölzerne Wildtiere und Ketten. Naja, es ist natürlich auch ein Holzschnitzermarkt, das stimmt schon, aber wir haben so viele andere tolle Souvenirs in den Läden in Swakopmund gesehen und bereits gekauft, dass ich die ausgestellten Waren am Markt eher etwas armselig finde. In einem Geschäft sehe ich das !Hus-Spiel, welches die Damara uns im Living Museum in Twyfelfontein gelernt haben. Ich nehme es vom Tisch und der Besitzer kommt zu mir. Es ist ein kleineres Spiel, aber mit acht Löchern aneinander gereiht. Ich frage ihn, ob er weiß wie das Spiel geht, der Start und bevor ich es realisiere, stecke ich mit ihm bereits mitten im Spiel. „Hé hallo, wie geht's euch," höre ich neben mir. Wolfgang, Karin und deren Kinder, die wir in Uis kennengelernt haben, stehen im gleichen Laden auch mit dem !Hus Spiel in der Hand. Gemeinsam haben wir das Spiel bei den Damara gelernt und auch sie möchten ein Spiel mit nach Hause nehmen.

Ich suche mir ein Spielbrett mit Giraffenmuster aus, Karin wählt ein Elefantenmuster und gemeinsam verhandeln wir über den Preis, in der Hoffnung einen besseren Preis zu bekommen. Es funktioniert nur bedingt. Die restlichen Läden besuchen wir zu sechst, machen noch Rast auf einem Parkplatz unterwegs nach Windhuk und verabschieden uns dann bis zum nächsten Morgen. Wir fliegen nämlich die gleiche Strecke bis München.

Die Immanuel Wilderness Lodge liegt 30 km außerhalb von Windhuk. Stefan und Sabine aus Deutschland haben die Lodge vor 6 Jahren gekauft und wohnen seither mit ihren Kindern in Namibia. Die Lodge ist unsere Endstation und wir relaxen am Nachmittag noch etwas beim Pool. Romy spielt inzwischen mit der Katze und den Hunden. Dann wird's für mich wiederum spannend, ob wir das gesamte Gepäck und die gekauften Souvenirs in unseren zwei Taschen unterbringen. Natürlich habe ich wieder zu viel Kleidung mitgehabt, die Erste Hilfe Sachen sind auch „umsonst" mitgereist und wir haben viel zu viele Souvenirs gekauft. Obwohl ich alles irgendwie hinein verstaue, glaube ich weit über dem zulässigen Gewicht zu sein. Aber das ist ein Problem für morgen.

Wir genießen das Ambiente und das Abendessen in der Lodge, unterhalten uns noch mit Stefan, der uns über das neue Haustier erzählt: einen jungen Welpen, den sie heute ausgesucht haben. So lassen wir den letzten Abend gemütlich ausklingen und steigen zufrieden ins Bett.

Das Namib Crafts Center haben wir bei der Ankunft bereits besucht. Ich habe während der gesamten Reise keine Giraffe, die aus Limonadendosen gemacht ist, mehr gesehen. Im Namib Crafts Center habe ich die Prunkstücke gesehen und möchte unbedingt noch ein Exemplar kaufen. Als ich jetzt die Souvenirs im Namib Crafts Center anschaue, finde ich die Preise viel günstiger als wir sie überall gesehen haben. Hier einzukaufen ist also echt empfehlenswert. Weil Romys Papa Helikopter fliegt, kaufen wir in jedem Land einen Heli und er hat inzwischen schon eine ganze Sammlung von Helikoptern aus Ländern, wo er noch nie war, seine Tochter allerdings schon. Vor der Türe steht ein Mann, Marco heißt er und er verkauft die Blechtiere. Ich finde natürlich eine Giraffe und weil wir noch etwas Zeit haben, fragen wir ihn ob er für Romy einen Helikopter basteln kann. Ganz behutsam geht er mit den scharfen Blechstreifen an die Arbeit und langsam entsteht da wirklich ein Helikopter. Marco hat sein Talent für die Bastelarbeit auf der Straße entdeckt. Fast hätte er in den Slums ein einfaches Leben führen müssen. Aus Langeweile hat er Bierdosen gesammelt und hat mal angefangen irgendwas daraus zu basteln. Jetzt hat er einen fixen Platz vor der Türe des Namib Craft Centers und ein tolles Einkommen. Für mich steht er als Symbol für Afrika. Aus Nichts Etwas machen. Positiv bleiben. Nach vorne schauen. Und genau deswegen ist und bleibt Afrika für mich Favorit und werde ich bald wieder hierher fahren. Es gibt hier noch so viel zu entdecken. Auf den Spuren der Elefanten.

Unser Reiseschema 2009

Route	Wegnummer	Km
Windhuk – Rehoboth	B1	94
Rehoboth – Maltahöhe	B1 C2 C19 C14 D824 D831 D826	500
Maltahöhe – Sesriem	D286 C27	161
Sesriem – Sossus Vlei – Solitaire	C19	176
Solitaire – Swakopmund	C19 C14 B2	279
Swakopmund – Cape Cross – Uis	C34 C35	311
Uis – Twyfelfontein	C35 D2612 C39	226

Twijfelfontein – Sesfontein	C39 C43	264
Sesfontein – Opuwo	C43	80
Opuwo – Kamanjab	C41 C35	286
Kamanjab – Etosha Okaukejo	C40 C38	309
Etosha Halali		190
Etosha Namutoni		119
Etosha Namutoni – Grootfontein	C38 B1 C42 B8	264
Grootfontein – Otjiwarongo	C38 B1 D2433	248
Otjiwarongo – Kalkfeld – Windhuk	B1 C33 D2414 B1	364

Insgesamt gefahrene Kilometer 3760

Unser Reiseschema 2013

Route	Wegnummer	Km
Windhuk – Rehoboth	B1	94
Rehoboth – Mariental	B1	187
Mariental – Naukluft	C19 C14	223
Naukluft – Sesriem	D845 C19 D826	89
Sesriem – Solitaire	D826 C19	49
Solitaire – Swakopmund	C19 C14 B2	300
Swakopmund – Uis	C34 C35	195
Uis – Twyfelfontein – Palmwag	C35 D2612 C39 C40	251

Palmwag – Kamanjab	C40	126
Kamanjab – Etosha Dolomite	C40 C35 D2763	173
Etosha: Dolomite - Okaukuejo - Halali - Onguma	C38	332
Onguma – Grootfontein	C38 B1 C42 B8	219
Grootfontein – Otjozundjupa	B8 C42 B1	226
Otjozundjupo – Waterberg	D2808 D2512	116
Waterberg - Windhuk	C22 B1	297

Insgesamt gefahrene Kilometer 2877

TRAVELKID „abenteuerlich einfach"

Fernreisen und Kinder passen wunderbar zusammen. Unter dem Motto *„abenteuerlich einfach"* stellt **TRAVELKID**, ein sehr dynamisches Internet-Unternehmen, Reisen in entfernte und exotische Länder vor – maßgeschneidert für Familien mit Kindern.

TRAVELKID kommt ohne Hochglanzprospekte oder überflüssige Fransen aus, im Internet (www.travelkid.at) ist alles Wissenswerte zu finden. Dabei geht Klasse vor Masse: jede Reise wird gemeinsam mit einem lokalen Reisebüro individuell zusammengestellt. Nicht zuletzt der Kunde profitiert davon, dass diese Agenturen ihr Land und das touristische Angebot wie ihre Westentasche kennen.

Da die **TRAVELKID** Reiseziele außerhalb des europäischen Kulturkreises liegen, kommt die Familie in Kontakt mit anderen Menschen, fremden Kulturen und

Religionen, unbekannten Gebräuchen und ungewohnter Mentalität. Besonders das Reisen mit Kindern bietet den Erwachsenen die Möglichkeit, die Welt einmal mit den Augen der Kinder zu sehen – ein erstaunliches Erlebnis. Und weil diese Rundreisen nur im individuellen Rahmen stattfinden, gibt's statt Bettenburgen kleine, feine, sehr authentische Unterkünfte, meist mit Pool, Strandnähe oder Spielplatz. Auch große Reisebusse haben hier nichts zu suchen, **TRAVELKID** nützt für seine Rundreisen Zug, Boot, Leihwagen, manchmal sogar mit eigenem Chauffeur.

Jetzt heißt es also abstimmen, wohin die Reise geht: nach Florida zu Krokodilen und Mickey Mouse, nach Bali zum Vulkan-Bestaunen und Delphin-Beobachten, nach Thailand zum Elefantenreiten und zur Badeinsel oder nach Jordanien ins Beduinenzelt und zum Toten Meer?

Namibia ist die neueste Destination und **TRAVELKID** liefert ein ergreifendes und abwechslungsreiches Programm, abgestimmt auf „junge und alte" Kinderwünsche.

Wenn du mit deiner Familie auch gerne eine Namibia Reise unternehmen willst, dann schicke einfach ein E-Mail an info@travelkid.at für ein unverbindliches Angebot.

TRAVELKID Reisetipps

T = *Transport*

Wir haben die erste Rundreise mit einem 4x4 Nissan-Fahrzeug durchgeführt, die zweite Reise mit einem 4x4 Toyota Hilux. In Afrika sind die japanischen Hersteller erfahren und sehr zuverlässig. Gemeinsam haben sie sehr viel gemeinsam. Daher sind Ersatzteile und technische Kenntnisse weit verbreitet und meist vorhanden.

Das Fahrzeug war 1 Jahre alt und ausgestattet mit: Klimaanlage, Radio- und Kassettendeck, Servolenkung, Zentralverriegelung, Zwei- und Allradmöglichkeit und verschließbarer Hinteraufbau. In diesem Hinteraufbau befindet sich der Gas- und Wassertank, Kühlschrank, Tisch und Stühle sowie Besteck und Geschirr. Ein einklappbares Zelt mit Matratze, Decken und Polster bietet die Möglichkeit bequem oben auf dem Dach des Autos zu übernachten. Das Fassungsvermögen des Tankes beträgt in etwa 140 Liter, welches für eine Streckendistanz von etwa 1000 km ausreicht.

Im Allgemeinen wird kein Geländewagen für eine Namibia Reise benötigt, wir möchten es jedoch sehr empfehlen. Das Fahrverhalten eines 4x4 ist auf Schotterwege sicherer, in der Sossus Vlei, im Kaokoveld und bei Fahrten durch Dünensand am Strand oder in

Flussbetten geht es nicht ohne 4x4. Auch Farmpfade können recht rau sein.

In Namibia fährt man auf der linken Seite. Die Verkehrsregeln entsprechen den in Europa üblichen. Eine Besonderheit sind allerdings die Four-Way-Stop Kreuzungen. Hier gilt nicht rechts-vor-links, sondern wer zuerst an der Kreuzung war, fährt als Erster, danach kommt der Nächste.

R = Reisedokumente

Reisepass
Die Einreiseformalitäten für Österreichische Staatsbürger sind - bei einem Aufenthalt von bis zu drei Monaten – unkompliziert. Das Visum wird bei der Ankunft ausgestellt. Es wird lediglich erwartet, dass der Reisepass noch mindestens sechs Monate gültig ist. Kinder benötigen einen eigenen Reisepass.

Visum
Ein Visum wird bei der Einreise kostenlos ausgestellt.

Bist du kein österreichischer Staatsbürger, dann setze dich über eventuell abweichende Visabestimmungen mit der namibischen Botschaft in Verbindung.

Impfungen
Wir empfehlen, dich rechtzeitig vor der Abreise mit einem Tropenarzt in Verbindung zu setzen, um dich über entsprechende Gesundheitsvorsorge und die eventuellen Impfungen zu informieren. Unsere Angaben zu

Impfungen sind nur als Empfehlungen anzusehen, dafür kann von TRAVELKID verständlicherweise keine Haftung übernommen werden.

Wir haben folgende Impfungen gehabt:

- Diphtherie, Tetanus, Polio
- Hepatitis A, Hepatitis B

Wir haben keine Malaria-Prophylaxe eingenommen.

A = Alter der Kinder

Wir empfehlen dieser Rundreise erst mit Kindern ab 5 oder 6 Jahren zu unternehmen. Du benötigst für geringe Reisedistanzen doch relativ lang und du bist fast täglich unterwegs. Es kann auf Schotterwegen für Kinder etwas unangenehm werden. Eine positive und flexible Einstellung ist daher sehr wichtig. Außerdem soll für die Kinder genügend Freizeit eingeplant werden um sich zu entspannen, die Eindrücke zu verarbeiten oder mal etwas länger zu schlafen.

Bedenke auch, dass das Sehen von Großwild nicht garantiert werden kann. Nimm für jedes Kind ein Fernglas mit, damit es nicht zu Streitereien kommt!

Wir empfehlen für Familien mit Kindern eine Reiseroute mit maximal 1.000 Kilometer pro Woche einzuplanen. Vor Ort kommen da meistens noch 200 – 300 Kilometer dazu.

V = *Valuta*

Die Währungseinheit von Namibia ist der Namibia Dollar (NAD). 1 Namibia Dollar = 0,078 Euro und 1 Euro = 13,11 Namibia Dollar (Stand 01. Februar 2015).

Der Umtausch von Euros oder US Dollars in Namibia Dollars ist am Flughafen oder bei den örtlichen Banken problemlos möglich. Reiseschecks in US$ können in Banken eingelöst werden. Darüber hinaus kannst du mit einer EC-Karte und Geheimnummer Geld bei den zahlreichen Geldautomaten wie in z.B. Windhuk, Mariental, Sesriem, Swakopmund, Kamanjab, Etosha, Opuwo und Otjiwarongo abheben.

Wir empfehlen noch etwas Bargeld in Euro oder US Dollars sowie deine EC-Karte und Kreditkarte mitzunehmen.

E = *Elektrizität*

Die Stromversorgung in Namibia ist 220 Volt. Du benötigst einen Adapter mit 13 Ampère Pins, die du um ca. N$ 10 in den Supermärkten kaufen kannst.

L = *Logis*

Bei dieser Rundreise haben wir meistens an Campingplätzen in unserem Zelt oben auf dem Dach des Autos übernachtet. Für Kinder ist das Zelten mit Wildtieren in der Nähe sicherlich eine spannende Erfahrung.

Alle Stellplätze sind mit einem Grillplatz ausgestattet, Wasser und Elektrizität findest du nicht immer direkt am Stellplatz. Die Waschgelegenheiten sind manchmal pro Stellplatz vorhanden, aber meistens in einem Gebäude für die Allgemeinheit.

Hier haben wir gezeltet:

Rehoboth	Lake Oanob Resort
Mariental	Kalahari Anib Camp
Maltahöhe	Duwisib Farm
Naukluft	Büllsport
Sesriem	Sesriem Campsite
Solitaire	Weltevrede Guest Farm
Uis	White Lady B&B
Palmwag	Hoada Campsite
Sesfontein	Camp Aussicht
Kamanjab	Otjitotongwe Cheeta Farm
Etosha	Okaukuejo, Halali, Onguma Camp
Grootfontein	Roy´s Camp
Waterberg	Waterberg Wilderness

Alle Unterkünfte im Doppelzimmer sind in Mittelklasse Guest Houses und Lodges gebucht und verfügen über ein Badezimmer mit Dusche und WC.

Hier haben wir übernachtet:

Windhuk	Pension Steiner
Swakopmund	Sea Breeze Guest House und Central Guesthouse
Palmwag	Grootberg Lodge
Opuwo	Opuwo Country Lodge
Etosha	Dolomite Camp
Otjozundjupo	Kambaku Safari Lodge
Otjiwarongo	Frans Indigo Lodge
Windhuk	Immanuel Wilderness

K = Klima & beste Reisezeit

In Namibia sind die Saisonen umgekehrt. Im Juli ist es dort Winter mit Temperaturen zwischen 15 – 20 Grad. Es kann in der Nacht ziemlich abkühlen und wir empfehlen hier einen warmen Schafsack und Decke mitzunehmen. Im Januar ist es Sommer und die Temperaturen steigen tagsüber bis zu 30 Grad, in den Niederungen wie Etosha oder Namib Wüste kann es tagsüber sogar 40 Grad werden. Die Luftfeuchtigkeit ist gering, wodurch es nicht so drückend warm ist.

Die Regenzeit ist während des Namibischen Sommers, wobei es von Oktober bis Dezember die kurzen Regenschauer gibt, von Januar bis April die Langen.

Obwohl das Ende der Trockenzeit die beste Zeit ist um Wildtiere zu beobachten, kannst du Namibia das ganze Jahr durch sehr gut besuchen.

	Jan	Feb	Mär	Apr	Mai	Jun	Jul	Aug	Sep	Okt	Nov	Dez
°C	30	29	27	26	23	20	21	24	27	29	30	30
☂	8	9	8	3	1	0	0	0	0	2	4	6

I = Internationale Zeitverschiebung

In Namibia ist während unserer Winterzeit die gleiche Zeit wie in Österreich und während unserer Sommerzeit ist 1 Stunde Unterschied.

D = Dinner und anderes Essen

Es gibt in den größeren Städten genügend Möglichkeiten frische Esswaren zu kaufen. Der Spar oder Interspar ist zahlreich verbreitet und das Assortiment ist vergleichbar mit unseren Supermärkten. Besonders groß ist das Angebot in Windhuk, Swakopmund und Otjiwarongo. In den ländlichen Regionen - vor allem im Norden - gibt es oft nur wenig Frischprodukte, Gemüse und Obst zu kaufen. Die Preise für Nahrungsmittel liegen etwa bei 70% der österreichischen Preise.

Fleisch ist in Namibia sehr gut, da die Tiere ausschließlich auf Naturweiden gehalten werden und keinerlei künstliche Futterzusätze gegeben werden. Es handelt sich meist um Rindfleisch, Wildfleisch von Kudu, Oryx und Springbock sowie Straußfleisch. Frischen Fisch, Hummer und Muscheln gibt es vor allem in Swakopmund und Walvis Bay.

Bei Kindern besonders beliebt ist der Kentucky Fried Chicken oder Wimpy, vergleichbar mit einem McDonalds. Die Küche der sonstigen Restaurants ist sehr gut: bürgerlich und deutsch – holländisch orientiert.

Das Wasser kann in den meisten Fällen direkt aus dem Wasserhahn getrunken werden.

Wichtige Adressen

Botschaft der Republik Namibia
Strozzigasse 10-14
1080 Wien - Österreich
Tel. +43 - 1 – 4029 371

Konsulat der Republik Österreich
Teinert Street 2
Windhuk - Namibia
Tel. +264 - 61 – 3756 52

Namibia Tourism
Schillerstraße 42-44
60313 Frankfurt am Main, Deutschland
Tel. +49 – 69 – 1337 360
www.namibia-tourism.com

TRAVELKID
Das komplette Reisebüro für ihre Namibia Reise – von der Zusammenstellung der Reise über Unterkunftsreservierung bis hin zu Flugbuchungen, Bestellung des Namibia Reise-Know-How Reiseführers oder des TRAVELKID Reisebuches für Kinder, das Abschließen einer Storno- und Reiseversicherung bei der Europäischen und last-but-not-least das Besuchen oder Buchen einer informativen Diavorführung.

Seeuferstraße 6b - 5700 Zell am See - Österreich
www.travelkid.at | blog.travelkid.at | info@travelkid.at

Meine anderen Bücher

18 Fotos
übersichtliche Sri Lanka Karte
116 Seiten
Ausführliche Informationen
Detaillierte Reiseroute
ISBN 9-783-7431-6553-3
Preis: € 11,80
1. Auflage 2016
Neuauflage Januar 2017

Löwentatzen
Mit meiner Tochter auf Abenteuerreise durch Sri Lanka

Die gigantischen Löwentatzen hoch oben auf dem Löwenfelsen in Sigiriya lassen den Umfang des früheren Königspalasts ein wenig erraten. Genauso immens sind die alten Königsstädte Polonnaruwa, Anaradhapura und Kandy. Im **TRAVELKID** Reisebericht **Löwentatzen** – *mit meiner Tochter auf Abenteuerreise durch Sri Lanka* - entdeckt die Autorin Patrice Kragten gemeinsam mit ihrer 13-jährigen Tochter diese und andere Weltkulturen der UNESCO, an denen Sri Lanka reich ist. Ganz spannend sind die Safaris in den Nationalparks Yala oder Minneriya, abenteuerlich ist die Zugfahrt von Kandy nach Nuwara Eliya und sportlich die Radtour in Pollonaruwa. Begleitet werden Kragten und Tochter von ihrem privaten Chauffeur Keerthi, durchaus üblich für eine Sri Lanka Reise. Entdecke wie leicht „die Perle im indischen Ozean" mit Kindern machbar ist, staune über die enorme Anzahl der Teeplantagen im Landesinneren und genieße die perlenweißen Strände der Küste.

„Damit die Menschen nach dem Bürgerkrieg ihr Land wieder aufbauen können, ist mir der Fair Trade Gedanke sehr wichtig. Ich verhelfe lieber einem Chauffeur zu einem guten Job, als Geld in eine internationale Mietwagen-Firma zu stecken."

24 Fotos
übersichtliche Indonesien Karte
168 Seiten
Ausführliche Informationen
Detaillierte Reiseroute
ISBN 978-3-7431-6533-5
Preis: € 14,00
1. Auflage 2009 | 2. Auflage 2016
Neuauflage Januar 2017

Reisfelder

mit meiner Tochter auf Abenteuerreise durch Indonesien

In diesem neuen TRAVELKID Reisebericht **Reisfelder –** *mit meiner Tochter auf Abenteuerreise durch Indonesien* - berichtet Patrice Kragten von ihren Erfahrungen während einer 5-wöchigen Rundreise durch Java und Bali, die sie gemeinsam mit ihrer 6-jährigen Tochter Romy im Oktober 2008 unternommen hat. Ob der Bericht jetzt von buddhistischer Baukunst des Borobodurs, der Freilassung der Meeresschildkröte Chili oder von den Wanderungen durch Reisfelder handelt - die Holländerin hat überall nützliche Informationen für das Unternehmen einer Fernreise mit Kindern eingebunden.

Während einer zweiten Reise werden spannende Aktivitäten und neue Hotels für TRAVELKID Fernreisen auf Kindertauglichkeit getestet.

Kragten: „Mit einem Auto, sowie einem hilfsbereiten Chauffeur und einem engagierten Reiseleiter, legte ich über 1.800 Kilometer zurück. Ich besuchte mit meiner Tochter den weltberühmten Borobodur, wanderten durch und radelten entlang saftig grüner Reisfelder, standen im Krater eines schlafenden Vulkans, haben den Glauben der Indonesier kennen gelernt und schwammen im azurblauen Bali See."

Der Reisebericht, verständlich und einfach geschrieben, soll einerseits Informationen bieten für diejenigen, die demnächst mit Kindern eine Bali Reise unternehmen möchten. Anderseits sollten die Erfahrungen dazu dienen, dass Familien sich trauen, eine Fernreise mit den Kindern, in diesem Fall nach Indonesien, zu unternehmen.

Ich frage Romy ganz vorsichtig, ob sie vielleicht Angst vor der Schlange hat, worauf sie antwortet: „Ich? Nein, ich habe eh Bergschuhe an!"

18 Farbbilder
übersichtliche Malaysia Karte
160 Seiten
Ausführliche Informationen
Detaillierte Reiseroute
ISBN 978-3-7431-6523-2
Preis: € 14,00
1. Auflage 2015
Neuauflage Januar 2017

Affentheater

mit meiner Tochter auf Abenteuerreise durch Malaysia

Im Gegensatz zum nördlichen Nachbarn Thailand, ist Malaysia noch so etwas wie eine Unbekannte. In diesem TRAVELKID Reisebericht Affentheater – *mit meiner Tochter auf Abenteuerreise durch Malaysia* - entdeckt die Autorin gemeinsam mit ihrer 11-jährigen Tochter die unterschiedlichsten Facetten von Malaysia und wird dabei feststellen, dass sie die Wunder Malaysias nicht allein mit bloßem Auge erfassen kann. Auf dem Festland beobachtet sie Flora und Fauna im Nationalpark Taman Negara, findet in Kuala Lumpur ein reiches kulturelles Erbe und ist über eine große Auswahl an köstlichen Gerichten beeindruckt.

Im Vergleich zu West-Malaysia findet Kragten auf Borneo nochmals eine andere Welt. Borneo ist mehr eine Naturreise mit exotischen Tieren und Pflanzen, mit kilometerlangen Flussläufen, welche sich durch den dichten Dschungel schlängeln, mit versteckt liegenden Ansiedlungen mitten im Regenwald, welche sich oft nur mit Booten erreichen lassen und weißen Pulverstränden auf wahrhaft paradiesischen Inseln. Malaysia macht definitiv Lust auf mehr

„Wir stehen bei einem Busch und laut Sapri sitzt die Schlange genau vor uns. Romy hat eigentlich ein ganz gutes Gespür für Wildtiere und sieht sie meistens schneller wie ich. Jetzt stößt auch sie an ihre Grenzen."

22 Fotos
übersichtliche China Karte
176 Seiten
Ausführliche Informationen
Detaillierte Reiseroute
ISBN 978-3-7431-0241-5
Preis: € 14,00
1. Auflage 2013
Neuauflage Januar 2017

Steinhaufen
Mit meiner Tochter auf Abenteuerreise durch China

Weltberühmte Sehenswürdigkeiten wie die Terrakotta-Armee und die chinesische Mauer werden mit weniger bekannten Reisezielen wie der Innenstadt von Lijiang oder dem versteinerten Wald von Shilin abgewechselt. In diesem TRAVELKID Reisebericht **Steinhaufen** – *mit meiner Tochter auf Abenteuerreise durch China* - entdeckt die Autorin gemeinsam mit ihrer 9-jährigen Tochter diese und andere Weltkultur- und Weltnaturerbe der UNESCO, an denen China reich ist. Außerdem hat sie mehrere unterschiedliche Transportmittel von Bahn bis Flugzeug, von Fahrrad bis Bambusfloß und Tuktuk benutzt und damit die Weltmetropolen Peking und Hong Kong erkundet, sowie die saftig grünen Reisterrassen von Longshen und das prachtvolle Karstgebirge rundum Yangshuo entdeckt. Die traumhafte Landschaft der unbekannten und nicht-touristischen inneren Mongolei, im Norden Chinas, haben die beiden mit Pferden ausgeforscht.

„Das eine Kind wird die Schönheit der chinesischen Mauer, der verbotenen Stadt, des Karstgebirges oder einer mongolischen Gedenkstätte erkennen, während das andere Kind diese einzigartigen UNESCO Weltkultur- und Weltnaturerbe als einen Steinhaufen bezeichnet."

20 Fotos
übersichtliche Costa Rica Karte
248 Seiten
Ausführliche Informationen
Detaillierte Reiseroute
ISBN 978-3-8448-0164-4
Preis: € 16,00
1. Auflage 2011, 2. Auflage 2016
Neuauflage Januar 2017

Dschungelfieber
mit meiner Tochter auf Abenteuerreise durch Costa Rica

Rauchende Vulkane, freundliche Ticos, saftig grüne Regenwälder, farbenfrohe Dschungeltiere, coole Cowboys und prächtige Strände. Das sind die würzigen Zutaten einer abwechslungsreichen Costa Rica Reise. In diesem neuen TRAVELKID Reisebericht **Dschungelfieber –** *mit meiner Tochter auf Abenteuerreise durch Costa Rica* – erzählt die Autorin Patrice Kragten von ihren Erlebnissen während der Abenteuerreise durch „die reiche Küste", die sie gemeinsam mit ihrer 7-jährigen Tochter Romy im Sommer 2010 unternommen hat. Im Sommer 2016 haben die Zwei Costa Rica nochmals besucht und dabei den Süden erkundet.

Kragten: „Mit einem 4x4 Auto legten wir gemütlich 1.500 Kilometer zurück. Wir besuchten den damals weltweit aktivsten Vulkan El Arenal, erkundeten verschiedenste

Regenwälder zu Fuß, mit dem Boot oder auf dem Rücken eines Vierbeiners. Dabei haben wir die typischen Dschungeltiere wie Giftpfeilfrösche und Faultiere kennen gelernt. Und einige unvorhersehbare Abenteuer kreuzten unseren Weg..."

„Aber wir haben uns vor allem den Traum-Spruch der Ticos, der gleichzeitig auch das Lebensmotto dieses freundlichen Völkchens ist, angeeignet. Also „Pura Vida", genieße das Leben!"

Dankwort

"Wer zusammen eine Reise machen kann, kann auch zusammen leben."

Liebe Romy, vielen Dank, dass du mich auch dieses Mal wieder enthusiastisch und lebhaft begleitet hast. Ich bewundere deine Flexibilität, deine Aufgeschlossenheit und deine täglich neu motivierte Wissbegierde. Dank je wel voor je gezelligheid en je blinde vertrouwen, ik hou van je!

Natürlich Marco und Elise. Ich bedanke mich für eure Professionalität und freundliche Unterstützung. Die Zusammenarbeit mit Euch ist wirklich einzigartig und macht jeden Tag riesen Spaß. Weiter so!

Liebe Sonja, vielen Dank für deine Unterstützung beim Verdeutschen meiner Gedanken.

Und, wie immer, ein kleines Dankeschön an Cinderella für ihre magischen Wörter: *„Let your dreams come true"*.